经典悦读（第九辑）

主编　徐　飞

西南交通大学出版社
·成　都·

图书在版编目（CIP）数据

经典悦读. 第九辑 / 徐飞主编. —成都：西南交通大学出版社，2019.4
ISBN 978-7-5643-6823-4

Ⅰ. ①经… Ⅱ. ①徐… Ⅲ. ①读书笔记 – 中国 – 现代
Ⅳ. ①G792

中国版本图书馆 CIP 数据核字（2019）第 069120 号

Jingdian Yue Du（Di Jiu Ji）
经典悦读（第九辑）
主　　编　徐　飞

出 版 人　阳　晓
责任编辑　居碧娟
封面设计　原谋书装

西南交通大学出版社出版发行（028-87600564　028-87600533）

社址　四川省成都市金牛区二环路北一段 111 号
西南交通大学创新大厦 21 楼（610031）
网址　http://www.xnjdcbs.com
印刷　四川煤田地质制图印刷厂

成品尺寸　150 mm × 220 mm　　**印张**　13.25　　**字数**　148 千
2019 年 4 月第 1 版　　2019 年 4 月第 1 次
ISBN 978-7-5643-6823-4　　定价　48.00 元

ISBN 978-7-5643-6823-4
9 787564 368234 >

《经典悦读（第九辑）》

编 委 会

经典悦读

当下全社会读书的情形令人担忧。一方面，物质化、商业化和世俗化势不可挡，享乐至上和娱乐至死大行其道，新的“读书无用论”甚嚣尘上，相当一部分人几乎不读书；另一方面，互联网时代普遍的数字化，以及因电子浏览器和智能终端的广泛使用带来的阅读媒介多样化，使阅读越来越变得快餐化、浅表化和碎片化。大量的人群特别是青年人，将大把大把的时间耗费在武侠小说、玄幻小说、漫画、游戏上，或沉迷于看盗墓、读穿越、上微信、刷微博，从一个朋友圈切换到另一个朋友圈。为数不少的人虽然每天花费不少时间读报纸看杂志，了解新闻资讯，但主要关注的是事情、事件的发展、经过和结果，他们更可能感兴趣的是各种奇闻逸事，一些人更愿意围观各色低俗、庸俗和媚俗的娱乐八卦。这些阅读行为，一言以蔽之可称为“浅阅读”，恰如雅斯贝尔斯多年前感叹过的情形：人们草草阅读，只知追求简短的、能快速获知又迅速遗忘的讯息，而不是能引起反思的东西。

“浅阅读”风气的泛滥，有识之士不可不察。信息爆炸和阅读媒介的日益多样化，乃是时代发展和技术进步之使然，个人顺应此种趋势而动，当属自然。阅读本是十分个人化、个性化的事情，选择什么内容阅读是个人自由，采用什么方式读更是个人权利。但须明白，对于“阅读”这一行为的意义评判，不能仅仅停留在个体层面，阅读背后还关涉国家和民族。“浅阅读”的先天缺陷显而易见，即快速（即时性）、快感（娱乐性）、快扔（浅显性），以及快餐化、平庸化和碎片化。“浅阅读”势必给阅读品质带来不同程度的伤害：对个人而言，惯性的“浅阅读”式读报、读图、读网等行为一旦形成，将使阅读止于资讯获取和字面意思，难以进行深入思考；若全社会“浅阅读”风气盛行，势必助长浮躁心态和功利取向，势必侵蚀和拉低整个民族的文化底蕴和精神高度。

当然，“浅阅读”毕竟也是一种阅读，不能武断地加以否认和排斥，但应尽最大努力引导，将其引向“深阅读”。一位作家说得好，文化不体现在一个国家高楼大厦的多寡，也不体现在一个国家的基本建设，但一定关乎一个民族的魂魄和整体素质。文化培育和葆持，精神提振与光大，需要沉静潜心的“深阅读”。其中，“经典阅读”不失为一种有效的深阅读。众所周知，但凡称得上“经”称得上“典”的，都代表了所在时代的最高智慧。经典是经受住岁月考验而历久弥新的人类精华，值得用心去“深阅读”。但说到读经典，很多人很可能因其太过博大宏阔或高深艰涩望而却步。

诚然，阅读大部分经典确非轻松，当读者的学识积累和思维训练尚未达到应有程度，要读懂进而领会先贤圣哲的闳博睿思和学理旨趣，注定是个艰辛和充满挑战的过程。然而，正是因为经典本身的博大精深和阅读过程的丰富性、挑战性，才可带给读者最大程度的收获与享受。实际上，经典是可以“悦读”的，只是其“悦”不同于一般快餐读物浅薄的感官享受，而是体现为读者与作者间思想共鸣的“愉悦”和读者精神超拔的“喜悦”。经典“悦读”至少可在“知”“情”“意”“志”四个层面上展开。

在“知”的层面上，经典阅读过程中认知的深化和知识的拓展，使人有“悟悦心自足”的释然。英国伟大的思想家培根所言“读史使人明智，读诗使人聪慧，演算使人精密，哲理使人深刻，伦理使人有修养，逻辑修辞使人善辩”，说的就是读书的妙处。“万般皆下品，唯有读书高”，更是对读书的极致推崇。经典是人类精神遗产的宝库和人类文化学术轨迹的里程碑，是书之上品和极品。阅读经典不仅有助于扩充知识，还有助于知识的专精、广博和贯通。更重要的是，对人与自我、人与社会、人与自然的关系有更深刻的体悟，对“真源了无取，妄迹世所逐”的世风有更敏锐的警觉，对光怪陆离、神奇诡谲的大千世界有更透彻的洞察。阅读经典可以使人思维更细密，视野更开阔，胸襟更博大，使人能在多元中把握主导，在多样中把握均衡，在多变中把握趋势，避免在选择中不知所措，在决断前迷惘茫然。经典悦读之“悦”，在于增广见识，培养智识，在于知古博今，消弭浅薄、固执与偏见，通晓人间正道。经过潜心研读，若能做到见微知著，举一反三，触类旁通，进而在本原中丰盈感性，在拓展中增强理性，在变通中提升悟性，“悦读”自当精妙绝伦。

在“情”的层面上，“悦读”是心的怦然，或如王安石的“两山排闼送青来”，抑或是皇甫冉的“闲看秋水心无事”。读书素来是一件雅事，是足不出户的旅游，书中江山多娇，风景独好。书间如梦，沉醉其中，捧腹开怀，乐而忘忧。阅读还是一种精神览胜，由于经典著作寄托着作者最真实、最深刻和最丰富的情感，书中人物的一颦一笑，一嗔一怒，痛苦与欢乐，恐惧与平和，卑微与崇高，苟且与担当，以及种种的悲欢离合、生离死别和爱恨情仇，都可以通过阅读来感受。书中的情怀与思想、跌宕与精彩，让人拈页展颜，击节叹赏。读者极有可能因书中的警策隽语、独识灼见和奇思高论，开心窍，启灵性。阅读还能将情感融入自我生命，升华自我人生。阅读中有泪水，有感动，有思索，有震撼，生活在滚滚红尘中的芸芸众生，历经了尘世劳碌或渡尽劫波，若个体心绪与书卷哲理结合，超拔的心境和顿悟便油然而生。阅读使自我平凡的人生不断放大，让人变得顶天立地；同时，又把人生还原成庸常，让人变得渺小而谦卑。读者通过这样的“阅读人生”嬗变，完成自身的精神发育。

在“意”的层面上，“悦读”表现为“会意”的欣然。卡莱尔说过，书籍里横卧着历史的灵魂，读经典就是在聆听一些高贵的灵魂自言自语。高尔基进言，当读一本好书的时候，你就在和很多高尚的人对谈。阅读之所以能成为“悦读”，实为精神和精神的对话，灵魂与灵魂的交流。读者与作者就像两个忘年好友，穿越时光隧道，一见如故，相谈甚欢。读者心智成熟而沧桑的人生经验与书中的观点要旨水乳交融，人与书浑然一体；同时，对先贤圣哲的妙谛心领神会，灵犀相通。阅读中“会意”的生发，实际上已加上了读者自身的体悟和创造。易卜生曰：“不仅作家在创作，而且往往读者比诗人更像诗人。”阅读不是被动地接受，更不能迷信权威，膜拜经典，让自己的大脑和思维成为别人文本的跑马场。阅读是一种再创造，诚如鲁巴金所言：“读书就是借助他人的思想，开发自己的思想。”通过存养诘辩，质疑问难，解构建构，推陈出新，实现从“我注六经”向“六经注我”的飞跃。

在“志”的层面上，“悦读”体现为“高贵”的泰然和怡然。《说文解字》曰：“志，从心之声。志者，心之所之也。”“志”超越功利，追随本心，不忘初心。读者通过经典去缅怀与感受那些古往今来仁人志士鲜活的人格风范和精神风骨，明志立志，且知行合一，毕生践履。在众多古今中外的经典著作中，左丘明的《春秋左传》、司马光的《资治通鉴》，艾得蒙多·德·亚米契斯的《爱的教育》及奥格·曼狄诺的《羊皮卷》，都是“明志”的典籍。屈原的“与天地兮比寿，与日月兮齐光”，曹操的“老骥伏枥，志在千里”，以及郑燮的“千磨万击还坚劲，任尔东西南北风”，还有海明威的“一个人并不是生来要被打败的，你尽可以把他消灭掉，可就是打不垮他”等名句，也是励志的绝佳箴言。坚持阅读经典名著，有意识地吟诵这些名言名句，并自觉将“志”贯注其中，志存高远，可以涵养自身的浩然之气。

综上，在“知、情、意、志”四个层面上，经典“悦读”的“悦”体现为释然、怦然、欣然和怡然。需强调指出的是，追求经典阅读的“悦读”境界，需要下大力气和苦功夫。特别地，作为学术共同体和社会灯塔的大学，作为培养青年和未来接班人的大学，应当切实地担负起应有的引领责任。有鉴于此，西南交通大学近年来大力开展“经典悦读”活动，并先后推出了经典阅读推荐书目 2014 版、2015 版、2016 版。今后还将根据师生的阅读反馈，不断修订、补充和完善，适时推出年度推荐书目。学校倡导“经典悦读”活动，旨在扭转当前大学生浅表性、碎片化的阅读倾向，倡导严肃认真的深度阅读，重申读书本然的价值性。同时，在潜心研读的过程中，体悟高层次审美愉悦。活动开始后，学校官网主页专门开设“经典悦读”栏目，不断刊出高质量的读书心得、书评及随笔。虽然有些文章提及的书并非在学校推荐书目中，但这不重要，重要的是已实现了活动的初衷，即以推荐书目为引导，激发师生对书的热爱和对阅读的热情。这套丛书的出版，就是我们倡导“经典悦读”的阶段性成果。

衷心希望“经典悦读”系列丛书的出版，能为书香社会的建设尽一份绵薄之力。希冀读者能多读书，读好书，好读书，真正把读书作为一种生活方式，并尽享读书带来的无穷乐趣。

徐 飞 博士
西南交通大学校长

目 录 CONTENTS

CONTENTS

曾向阳

【作者小传】

曾向阳，男，1982 年生人，湖南邵东人氏，现居广州，就职于中国铁路广州局集团公司运输部。19 岁从铁路中专毕业后便进入广铁集团从事一线生产工作，工作之余对真知的渴求仍然炽热，通过参加高等教育自学考试完成大专、本科学历教育，2008 年有幸考入西南交通大学交通运输与物流学院交通运输规划与管理专业攻读全日制硕士研究生。研究生毕业后，继续投身铁路生产与管理，在广铁集团广州站五年余，从事过车间行车安全管理、职工教育、企业管理等工作，在集团办（党委办）调研科主事主要领导讲话稿、汇报、专报等文字材料撰写又两年余，目前在局运输部从事车站行车安全管理和施工现场协调等工作。自幼好文，所学皆为工，工作之余，偶挥文笔，不求发表，直抒胸臆罢。

此心光明

——读《传习录（上卷））》有感

近来平添了许多烦恼，无意中翻开了王阳明的《传习录》，竟也逐字逐句地看了下去。早知此为文言文，颇为晦涩难懂，又因其“去人欲，存天理”的教条桎梏，“心外无物，心外无理”的“主观唯心主义”的主张，换作以前，便全无兴致去翻看一二了。然而，久闻王阳明的盛名，也略知其生平一二，抱但看无妨的心态读之，愈发感到自己受当下话语引导过甚，一些道听途说、断章取义的臆断，对阳明先生乃至其学说误解颇深！

《传习录》，〔明〕王阳明著，岳麓书社

也因前述原因，素来对旧时的儒家诸如四书五经之类的经典阅读不多，当然，受儒家思想的影响却是潜移默化的，这是其影响中国社会两千年的强大惯性使然。而阳明先生虽创立了心学思想体系，但其仍继承并发扬了孔孟儒家的学说。就如同在牛顿的经典力学、爱因斯坦的相对论自然科学思想下，后来者据此衍生出许多新的科学分支、技术体系一般，亦在对其科学理论的种种质疑与反证之下，科学与技术才呈现出日新月异、不断前进的壮阔景象。阳明先生亦是如此，只是他的主张是建立在完全秉承孔孟儒家正统思想的基础之上，在北宋以来处于垄断地位的程朱理学的驳斥批判中不断成熟的。

客观而言，孔孟的文字学说流传数千年，即便不去深究文字背后的本源，仅从对文字字面的理解，时过境迁，亦会出现“横看成岭侧成峰，远近高低各不同”的各种注解。尤其儒家思想为历代统治阶级所用，出于便于统治的意图，亦会不断修改圣人的经典原意。因此，王阳明认为，程朱理学在对圣人经典释义及其理论根源上存在缪误。其强调：“道无方体，不可执着，却拘滞于文义上求道，远矣。”

亦如同自然科学一般，智慧生物（不只人类，还应包括未知的外星人）探求事物的规律在目的上是一致的，不过殊途同归罢了！比如古希腊的《几何原本》等，而中国古代亦早有类似的科学著作，只是文字的表述不同罢了，抑或话语体系不同而已！

阳明先生认为，“心即理也，天下又有心外之事，心外之理乎？”此亦其心学学说的核心命题。若仅看此句，从唯物辩证思想的角度来看，物质是第一性的，精神是第二性的，物质是客观存在的，而不是随主观的意愿而存在，岂能有“心外无物，心外无理”之说？然而，细看之下，愈发觉得阳明先生所说的“心”非今人话语下的“人心”，而是指“道心”，是为“人心之得正者即为道心，道心之失其正者即为人心”，其所曰“心即理也”，实则应为“道心即为理也”，何谓理？即为孔夫子所言“天理”，即客观事物普遍存在的客观规律。如此看来，阳明先生所言的“心外无物，心外无理”应理解为：客观规律是最根源、最本真的东西，除此之外，再无其他的事、其他的理！不解之处倒在于，为何后人硬要将其学说定位于“主观唯心主义”呢？其实都是探求事物的本原而已吧！

正是建立在这种求真的认识理论的基础上，便不难理解王阳明对儒家经典的准确把握及其诸多务实的主张。

于知行观上，其主张“知是行的主意，行是知的功夫，知是行之始，行是知之成”，并且强调“未有知而不行者，知而不行只是未知”“知者行之始，行者知之成，圣学只一个功夫，知行不可分作两事”的辩证统一的知行关系。其学生徐爱问他：“古人说知行做两个，亦是要人见个分晓，一行做知的功夫，一行做行的功夫，即功夫始有下落。”王阳明回答说：“这样理解反而会错古人的本意了。我曾经说过，知是行的宗旨，行是知的落实；知是行的开始，行是知的结果。如果领会了这一学说，谈到知，已经包含有行；说到行，已经包含有知。古人之所以既说知又说行，只是因为世上有一种人，迷迷糊糊，任着自己的性子去做，不假思索，也只是肆意妄行，因此你必须跟他讲知的道理，他才能行得正确。世上还有一种人，整天空想，不肯脚踏实地付诸行动，也只是主观猜度，因此你必须跟他讲行的道理，他才能正确地知。这是古人为了补偏救弊而不得已采取的说法，若是真正领会了其中含义，把知和行合起来，一句话就可以说清了。”

“我现在说知行合一，正是对症下药，而不是凭空杜撰，知行的本来面目就是这样。如果掌握了知行合一的原则，就算把它们说成两件事也无妨，本质上还是一回事。若没有领会知行合一的宗旨，就是说它们是一回事，又有什么作用？只是说些无用的话而已。”因而，除却空洞的教化，王阳明认为，“人须在事上磨，方立得住，方能‘静亦定，动亦定’”。

于治学，其主张应遵循认识的规律，“为学须有本原，须从本原用功，渐渐‘盈科而进’”，“悬想何益？但不忘栽培之功，怕没有枝叶花实”。尤其在治经上，其反感于形式上的追求、舍本逐末的做法。‘惟精’是‘惟一’的功夫”，“‘博文’者即‘约理’之功”，他认为，“孔子述《六经》，惧繁文之乱天下，惟简之而不得，使天下务去其文求其实，非以文教之也”，即：孔子删述六经，是害怕繁杂浮逸的文章扰乱天下人心，把六经删到不能再简，使天下人务必抛弃虚浮的文辞而追求经典的实质，而不是用虚逸淫荡的文辞来教化天下。甚至其认为，“天下没有治理好的原因，就在于浮逸之风盛行而务实之风衰落。人们各抒己见，标新立异，争奇求怪，哗众取宠，这只能扰乱世人的思想，蒙蔽世人的耳目，使大家都争着崇尚虚文浮词，以便在社会上出名，却不知道还有实事求是、返璞归真的做法。这些都是那些阐释经典的人开启的。”

诸如此类的精辟论述在《传习录》中比比皆是，王阳明的学说可谓博大精深，亦在不同的话语体系中处处体现出辩证法的思想。然其最终均落在一个“心”字上，其尤其强调了在探求事物本原的过程中充分发挥人的主观能动性的重要性。“只在此心去人欲、存天理上用功便是。”“须于心体上用功，凡明不得，行不去，须反在自心上体当，即可通。这心体即所谓‘道’，心体明即是道明，更无二，此是为学头脑处。”摒弃私心私欲，让心达到至精至纯的境界，人才会依据事物的本来规律去行事！在这个纷扰繁复的世界里，于今人而言，又恰似一副清醒剂，令人警醒！

纵观王阳明的生平事迹，更为其学说增添了无穷的说服力与魅力！其生当明代中叶，时政治腐败、社会动荡、学术崩颓。王阳明一生以 35 岁时受奸佞所害被贬贵州龙场驿任驿丞开始其“龙场悟道”生涯为转折点，经历了仕途挫折的王阳明在此期间深入社会底层，对圣人、对经典、对人生、对处世等陷入了深思，继而领悟到事物的真谛，似乎打通了任督二脉，一切皆通明了！结束了龙场驿的被贬生涯后，便开始了其一生巡抚南赣、平定宁王之乱、出征广西等靖难平乱、建功立业的辉煌之途。于事功赫赫的同时，在学术上也学名昭昭，超然入圣。其“文武兼备”，成为明代著名的思想家、政治家、军事家、教育家，对后世影响深远！

才读《传习录》一二，便为阳明先生精深的思想所撼动！掩卷之余，仍感领悟不够，还需假以时日，甚至耗尽一生去阅读、去体悟！引先生经典语句当自勉罢！

“人之气质清浊粹驳，有中人以上、中人以下，其于道有生知安行、学知利行，其下者必须人一己百、人十己千，及其成功则一。”

此心光明，亦复何言！

薛逸凡

【作者小传】

薛逸凡，男，河北保定人。现担任电气工程学院本科2017级辅导员。梦想是我们对自己的期许，而这期许常新；梦想是我们对应然之事的承诺，而我们必须对自己一诺千金。

走出生活的舒适区

——读《围城》有感

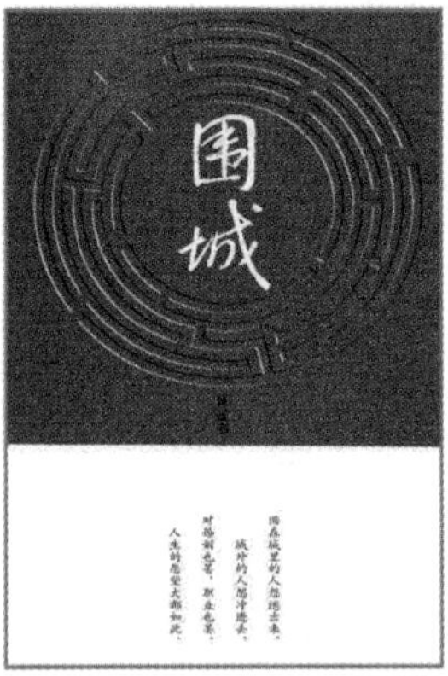

《围城》，钱钟书著，人民文学出版社

“围在城里的人想逃出来，城外的人想冲进去，对婚姻也罢，职业也罢，人生的愿望大都如此。”这句话很有名，同时也是《围城》扉页上杨绛先生的一句话。《围城》重印后，杨绛先生曾问丈夫钱钟书想不想再写小说，心有余而力不足的钱钟书先生宁恨勿悔，于是这部用幽默的语言调侃人间悲剧的经典之作《围城》成为钱钟书唯一的长篇小说。

故事发生于19世纪上半叶。主角方鸿渐在欧洲游学四年后回到上海，在已故未婚妻父亲周先生开办的银行任职，与在船上遇见的女博士苏文纨及其表妹唐晓芙小姐发生了一系列爱恨纠葛，因此遭到丈人家的冷落。方鸿渐恋爱失败后，和苏文纨的失意追求者赵辛楣成为好朋友，在赵辛楣的引荐下，二人接受内地三间大学的聘请。在三间大学任教期间，方鸿渐由于性格的缺陷，在人际交往中受到同事们的排挤，而他和英语助教孙柔嘉的日趋亲密益发引起了同事们的嫉妒。赵辛楣离开三闾大学从商后，方鸿渐被校方排斥。随后方鸿渐返回上海，在赵辛楣的帮助下，于一家报馆任职，与孙柔嘉结婚。但方鸿渐和孙柔嘉之间矛盾逐渐加深，最终走向分手的结局。

杨绛先生说钱钟书先生很有“痴气”。因为“痴”，钱钟书先生对小聪明嗤之以鼻，愿意更苛刻地对待他们，这在《围城》的字里行间体现得淋漓尽致。《围城》与其他现实主义小说一样，展示了人与人、人与社会之间的矛盾。书中没有直接给出任何人生真理、世事定律，而是委婉地告诉我们生活的本来样子。

钱钟书先生在《围城》序言中说：“我想写现代的某一部分社会，某一类人物。”方鸿渐正是我们的影子，你我都活在“围城”中，人生就是最大的“围城”。方鸿渐是个矛盾的人，一方面渴望着爱情，另一方面却又鄙夷爱情的世俗气；一方面期盼着有所成就，另一方面又不学无术；一方面厌恶世俗，另一方面却随波逐流。方鸿渐代表了当时中国的旧知识分子，迷迷糊糊地过日子，没有顶尖的才华，在各个方面都算不上佼佼者，生活常常失意，在这个世界中是那么的平庸。文中每次冲突，方鸿渐似乎都占据了上风，可事实是生活却每况愈下，我想这是由于方鸿渐处于颓势，而他的对手却是上升态势，两者之间的差距越来越小，最后被对手翻盘。正所谓不进则退，风物长宜放眼量。

“结婚仿佛金漆的鸟笼，笼子外面的鸟想住进去，笼内的鸟想飞出来；所以结而离，离而结，没有了局。”显然钱钟书先生所说的“围城”不仅仅是婚姻，而是延伸到了整个人生的“围城”。钱钟书先生看出了当时社会的这种现象并加以讽刺，机智的幽默和温和的讽刺，剖析着当时社会的弱点。《围城》的讽刺，对我们今天也有着借鉴意义。某种意义上，“围城”代表一种不论好坏至少稳定的生活，从我们出生起身边就建造起形形色色、不可逾越的诸多“围城”。我们突破一个“围城”，走进另一个“围城”，同时尽一切努力让“围城”中的生活变得丰富。当一切人和事因为努力和乐观而变得美好，当城中的色彩都均匀和谐时，那么这座“围城”就不再是一种可怕的束缚和压力，而是督促我们前进的动力。

方鸿渐的挣扎也给我很大触动。其实在日常的学业和工作中，我们和方鸿渐没有什么不同，一方面希望自己更好，一方面难以克服自己的种种恶习。拿最简单的健身来说，我一直期盼自己能够有一个健康的体魄，为今后打下基础，但是难就难在每天坚持，今天因为有晚课而耽误，明天又有其他事情……最后三天打鱼两天晒网。如果不想和方鸿渐一样每天都过得迷迷糊糊，便要对自己“狠一点”，克服惰性，脱离现在的“舒适圈”。

《围城》是一本注重情节但更注重语言的小说。全文没有明确的故事线索，情节琐碎，但文中“围城”的比喻却新奇又恰到好处。整本书围绕不断地去追求以及得到后的厌烦逐渐形成了一个巨大的矛盾，这个矛盾将人们围困其中，成了“围城”。将“围城”映射到我们的生活中，学习的时候想工作，工作的时候又怀念校园时光；没恋爱时渴望恋爱，恋爱时却又不满足……冲出一个“围城”，却又进入了另一个“围城”。正如书中的最后一句话：“这个时间落伍的计时机无意中包涵对人生的讽刺和感伤，深于一切语言、一切啼笑。”当欲望得不到满足时便痛苦，当欲望得到满足时便会不安于现状而想要更多。

钱钟书先生站在高处看社会，因为《围城》揭露、批判着当代社会；钱钟书先生站在低处看社会，因为《围城》描绘的是这个社会的人情风俗。如果你想更好地感受生活的本质，想让自己有更多突破，那就细细品味《围城》吧。

杨静文

【作者小传】

杨静文，女，四川南充人，西南交通大学马克思主义学院2015级硕士生，现任电气工程学院兼职辅导员，指导学院媒体事务中心开展工作。世事倥偬不曾惧，且在心中修篱种菊。交大的四时风物是不卷收的文章，年年岁岁的日月星辰为我掌灯伴读。

追寻美的旅程

——读《月亮和六便士》有感

一直以来，《月亮和六便士》都是我最喜欢的书籍之一，我前前后后也读了数遍，每次都有不一样的收获。“人们在仰望月亮时常常会忘了脚下的六便士。”这本是作家毛姆从朋友那里听来的一句话，他觉得有趣，便拿来做了书名。对于这个题目，人们有很多种理解。我看的是上海译文出版社的版本，译者傅惟慈老师在序言的最后一段提道：“一般人的解释是：六便士是英国价值最低的银币，代表现实与卑微；而月亮象征了崇高。两者都是圆形的，都闪闪发光，但本质却完全不同，或许它们就象征着理想与现实吧。”

《月亮和六便士》，（英国）毛姆著，傅惟慈译，上海译文出版社

书中故事的主人公思特里克兰德原本是一位在伦敦有着不错收入的证券经纪人，并且有着让人羡慕的美满家庭。然而，在夜校学习了一年绘画之后，他突然决定离家出走，一个人来到巴黎

学习绘画，最后到了南太平洋的一座小岛继续作画直到病逝。在那个世外桃源，他找到了自己的精神故乡和“应许之地”。在他生前，人们都觉得他是个怪人，没有多少人欣赏他的画作。而在他离开人世以后，他却成了绘画史上的天才画家。这本简单易读的《月亮和六便士》得到许多人的喜爱，很重要的一个原因就是它包含了无比广阔的艺术精神内涵以及对生命意义的理解和探索，整本书里充盈着关于美的哲学。

从来就没有所谓本体的美，由西方哲学提出的本体概念，只是人们为了认识方便而设立的一个“神”。美并不存在于客体上，事实上，美只能存在于人们的头脑中。美是人们对意境的情感评价，是主体对自己的无意识的需求在意境中获得象征性的满足的情感评价。人们之所以漠视这个事实，是因为审美活动发生在无意识的领域，并不为意识所把握，所以人们一直不能确定它的真实所在。

从世俗中追求自由的美

杜威说：“‘美’严格来说，是一个情感术语……当我们被一片风景、一首诗或者一张画以直接而壮烈的情感所控制时，我们会激动地喃喃低语道‘多美啊’。”

在读完《月亮和六便士》后，假如你不知晓思特里克兰德的后半生，也许会羡慕他的生活。从世俗的角度上看，他是我们眼里的成功人士：一个在伦敦做事的证券经纪人，有富裕美满的家庭：妻子漂亮，两个孩子健康快乐。按理说，他应该满足于这种人世的快乐才对，尽管这种生活庸俗而平淡。可这不就是俗世的快乐么？但是，就在他们婚后的第17个年头，他突然离家去了巴黎，抛弃了在外人看来很好的事业和家庭。就在人们以为他的出走是因为有外遇的时候，事实却是：他只是为了画画。你也许会因里面人物做出了两种截然相反的态度和选择而讶异。

“他，抬头看见了月亮，而脚边的六便士却在夜里无声地反射着幽冷的月光……”

毛姆自始至终都在讨论对“美”的追问。美是什么？朱光潜谈美，蒋勋写美，凡是与文学艺术能沾上边的基本都会涉及一个核心——美，是什么？月亮和六便士是作品中不同的意象，代表了不同的价值观。作者围绕思特里克兰德所讲述的故事，其实是对理想和现实的拷问。

“为什么你认为美——世界上最宝贵的财富——会同沙滩上的石头一样，一个漫不经心的过路人随随便便地就能够捡起来？美是一种美妙、奇异的东西。艺术家中只有经过痛苦的灵魂折磨，才能从宇宙的混沌中将其创造出来。在美被创造出来以后，它也不是每一个人都能认出来的。要想认识它，一个人必须重复艺术家所经历过的一番冒险。它唱给你的是一个美的旋律，要是想在自己心里重复听一遍，就必须有知识、敏锐的感觉和想象力。”这是《月亮和六便士》里戴尔克·施特略夫说的话。他是第一个赞赏思特里克兰德的人，也是第一个看出他伟大的人，同时也交代思特里克兰德选择画画的原因，是因为内心有创造美的需求。这种创造欲，激发了读者对美的沉思。

其实，真实的厚重的美绝不是来自艺术家的白日幻想，也不是凌空而起的空中楼阁，相反，它从这娑婆世界中汲取精华和养分，因真实和厚重而显得生命力盎然，充满活力。

在自由中追逐灵魂的美

在梦境里，“白天红红的太阳闪耀着光辉，夜间有海面上涌上来的湿气，淡淡地飘荡着各种光线，色彩和气味，由于沉重阴暗的光线，至今那种仿佛要掉下来的星星仍布满天空，我在这原始裸露的夏夜里，一边与包围着我的神秘事物密切交感，一边也可以听到我心中徐徐的波音。于是，在欧洲的蝇头小利的追逐消失了，剩下的只是歌颂，热爱和死亡”。

思特里克兰德原本是证券经纪人，有一个看似幸福的家庭。在他那张粗野的、显着肉欲的脸的背后，却有着一颗骚动不安的心。他饱受孤独的摧残，经受来自“神”的折磨，而他又是天生为艺术而生的人，所以，他注定在“神谕”的召唤下，在驱之不散的念头的驱使下，在时间不在场的诱惑下，冲出世俗的樊篱，走向艺术的至境。他正是在孤独中彷徨，在孤独中冲突，在孤独中生成，在生命的最后一瞬间，在孤独中实现了灵魂的自由，追索到了灵魂之美。

这种灵魂的自由是一种对美感的审美。因此审美时，我们要面对一个对象，但我们的美感并不是——至少主要部分不是——由它而来。里普斯感到石柱在耸立升腾，凝成整体或挣扎着冲破局限等，但这一切都不是发生在石柱身上，而是观者的联想。所以里普斯说：“不是我从美的对象中所得到的快感。”更有说服力的是小说诗歌等文学作品的例子，我们是从这些文字上获得的美感么？当然不是，是从由文字唤起的意象所构成的意境中获得的。

“做自己想做的事情，生活在自己喜爱的环境里，淡泊宁静，与世无争，这难道就是糟蹋自己吗？与此相反，做一个著名的外科医生，年薪一万磅，娶一个美丽的妻子，就是成功吗？我想这一切取决于一个人如何看待生活的意义，取决于他认为应对社会尽什么义务，对自己有什么要求。”

这一段话，毛姆并没有借助故事人物的口讲出来，而是直接表达了自己的看法。毛姆也借这段话，将“月亮”和“六便士”阐述得十分清楚。同时，也告诉你如何去发现自己内心的美。

其实不管是对物质的追寻，还是对精神的追求，归根到底都是一种对美的追求，只是对于美的定义标准不一样罢了。幸福不过求仁得仁，每个人都有选择的自由。当你已经抬头看见了“月光”，就让那些只看到“六便士”的人平静地数手里具体的数量吧。不干涉，是一种善良。你有你的“月光”要感受，他有他的“便士”要去追寻。幸福，就是各自内心的平安喜乐。

在殉道路上追索艺术的美

毛姆的阐释是这样的：“他已经得到了自己所追求的东西。他可以说死而无憾了。他创造了一个世界，也看到了自己的创造多么美好。以后在骄傲和轻蔑的心情中，他又把它毁掉了。”

古代一位大哲人说过：“一个人一旦不知道脚下之路将他引向何方时，他才得到一种升华，到达他所能到达的极致的世界。”

对美的追寻是一个艰苦的过程，需要不断地坚守，在坚守中突破，在突破中需求新的美好。而只有那些与你有相似美好观念的人才能发现你的闪光点。“月亮和六便士”，这个看起来与小说故事没有多大联系的题目，却是毛姆用心良苦的体现。从始至终，毛姆都在借由故事发展对“美”展开探寻。美，难道是只有艺术家才会看得到的吗？那些追寻月光的人，只有他们才能感受到美吗？毛姆要探索美的原质，存在于每一阶层之中。“月亮”和“六便士”都有美的存在，只是两种不同的类型罢了。在这本书中，其实存在着对美的多种定义，具有很强的包容性。月亮代表的美是内心自由蕴藉，而六便士的美，则是靠双手勤劳耕耘从而创造美满生活的幸福感悟。“月亮”和“六便士”只是两种不同阶层或生活状态的人。毛姆借此为题，不就是想反驳世人对追寻“月光”的人的鄙视，以及认为“劳动是幸福是句空话”的无礼吗？

回顾书中所描写的主人公，在对美的定义有了新的发现之后，我们就会以更加包容的态度来看待他的这种做法。每个人都不一样，我们经历了很多不同的事，拥有不同的成长环境，所以内心的执着也不一样。无论你是艺术家，是外科医生，还是开荒种地的种植园主，你都能拥有属于自己的“美”。就像毛姆在小说结尾写的一样：“我的亨利叔叔在威斯特台伯尔教区做了二十七年牧师，遇到这种机会就会说：魔鬼要干坏事，总可以引证《圣经》。他一直忘不了一个先令就可以买十三只大牡蛎的日子。”

当你内心有了一种对创作的欲望的时候，不要鼓励每一个人也像你一样去追求内心。因为，不是每一个人都能感受到心中“美”的呼吁，或者每一个人对美的追求不同。一如小说快要结尾时，布吕诺船长所说：“我对他感到同情是没有什么可奇怪的，因为，尽管我们两人可能谁也不知道，我们追寻的的确是同一样东西——美。”如你所知，世界是复杂的，价值观是多样的，一定要找到属于自己的坚守，是抬头仰望“月亮”，还是低头捡起一枚“六便士”，这是选择理想还是选择现实的问题。捡“六便士”这类角色多如牛毛，在“六便士”与“月亮”之间挣扎的角色也多如牛毛，却少有人像毛姆在本书中塑造的思特里克兰德那样，一头扎进理想里，一生无悔。

中国当代文学大师、画家木心曾说过：“活在自然美景之中，人就懒,懒就善。”浸润在艺术中又何尝不是呢？对艺术家来说，“以死殉道”是一种个人意志。艺术绝非一种职业、一门学问，而是他赖以生存的唯一食粮,是他对抗劫难、度越生命的凭藉。殉道者因为价值观的撕裂，对艺术之路的执着追求，如飞蛾一般扑火，在追求美的过程中，也将自己活成了美。

在生活中也有许多被遗忘的美。林清玄曾说过一段话：“生活实在太忙了，一般人平常抽不出时间看天色，中秋几乎成为唯一看天空的日子。我们准备了月饼、柚子、就在表示我们是多么慎重地想看看月亮，让月亮看看我们。”

在“六便士”铺陈满地、闪闪发光的时候，别忘了还有长烟一空，皓月千里。

愿我们都能有更多抬头望月的心境。

于　磊

【作者小传】

于磊，江苏盐城人，电气工程学院本科2016级辅导员。读闲杂书，做简单事，坚信今天的每一步决定明天的每一秒。

心怀善良

——读《沉思录》有感

《沉思录》是我的枕边书，初读味同嚼蜡，不甚其解；再读，细细咀嚼，小有所悟。

《沉思录》，（古罗马）马可·奥勒留著，何怀宏译，中央编译出版社

《沉思录》又称“一个罗马皇帝的人生思考”，全书共 12 卷，是古罗马皇帝马可·奥勒留自己与自己的对话。他是一个比他的帝国更加完美的人，虽然勤勉的工作未能挽救国家，但他的思想铸就了这部历史名著。全书保留着一种悲怆，即身处高位，面对一系列必须加以抗拒的欲望，时刻想要隐退追寻内心宁静却无法实现。但其发自内心深处的种种对话，心怀善良的慈悲模样，让自己在这个心浮气躁的年龄，读后有“柳暗花明又一村”的感觉。

书的开篇讲述了品质闪耀在良好的传承中，马可·奥勒留从身边的至亲、好友、学者身上学会了弘德、虔诚、仁爱等品质，特别是在父亲遭受疾病时看到的温柔气质，让他明白“一方面能足够强健地承受，另一方面又能保持清醒的品质，正是一个拥有一颗完善的、不可战胜的灵魂的人的标志”。同样的道理，我们的老祖宗也曾说过：“动处静得来，才是性天之真境；苦中乐得来，才是心体之真机。”在喧闹中能保持宁静才是天性，在艰苦中保持乐观才是境界。延伸到我们的生活，在怀疑中保持确信，在争论中保持清醒，在大流中保持独立，在挑战中不忘初心，需要的是强大的内心、绝佳的品质和善良的灵魂。

平昌冬奥会上，中国短道速滑队遭遇了种种挫折和意外，面对舆论的一边倒，主教练李琰选择从自身寻找失利的原因。她的忍耐展现了大国风度与大国尊严。当最后一枚金牌收入囊中时，所有人都在致敬这位既有风度又坚毅的教练，她展现的强大内心是否令人敬畏？

《大清相国》里的陈廷敬，在明珠罢相削权、索额图身死囹圄、徐乾学郁郁早逝、高士奇驳回原籍的重臣名宦少有善终的环境下，官至高位又能全身而退，在善与恶的争斗中，凭的是“等、忍、稳、狠、隐”五字真诀、一身浩然正气，更展现出他宅心仁厚的品质。

《唐人街探案 2》里有一句经典台词：“与魔鬼战斗的人，应当小心自己不要成为魔鬼。当你凝视深渊时，深渊也在凝视着你。”凝视深渊最直观的感悟就是千万不要掉下深渊，但战胜魔鬼难道就是要变成更强大或更邪恶的魔鬼么？宋义最后那神性的伸手是否展现了他人性里的善良？在正与邪的抉择中，下意识的行为是否是灵魂的救赎？

诚然，在生活中，我们会感叹事与愿违，会抱怨努力与付出不成正比。静下心来，即便脚步没有往上走，心也要往下沉，遵从自己，敬畏善良，像马可·奥勒留所言：“正直地思想，友善地行动，诚实无欺并陶冶一种性情即快乐地把所有发生的事情作为必然的、正常的、来自同一个原则和根源的事情来接受。”时刻告诫自己，不仓促行事，不胆怯多疑，虔诚地默认现有条件，公正地对待周围的人，努力地完善自己的思想，在信任中保持坚定和一致。心怀善良，是努力的样子，是生活的态度，是灵魂的颜色。

《沉思录》的最后说：“有一阳光，虽然它被墙壁、山峰和无数别的东西隔断。”我想，光明始终到达了它想去的每一个地方，善良亦如此，它教会如何面对内心、面对人性、面对生命，提供智慧、抚慰和解决之道，在行走艰难时，为无门之处开门，让无光之处有光。

所以，在善良面前，你是创造者，还是跟随者？

张 异

【作者小传】

张异，西南交通大学电气工程学院教师。“三更灯火五更鸡，正是男儿读书时。黑发不知勤学早，白首方悔读书迟。”知识上的富有可以让人享受心灵上的满足，当你的才华撑不起你的梦想时，就趁早努力读书吧！

扣好人生第一粒纽扣

——读《习近平的七年知青岁月》有感

《习近平的七年知青岁月》，是中央党校策划组织的系列采访实录，从2016年11月底到2017年3月中旬，在中央党校《学习时报》连载。全书共三个篇章（知青说、村民说、各界说）、十九篇访谈稿、七十六幅图片，生动还原了习近平总书记知青时期的艰苦生活和成长历程，受访者用亲身经历详细讲述了习近平总书记当年“苦其心志、劳其筋骨、饿其体肤、空乏其身”的历练故事。

读完此书，我深感震撼，内心得到了洗礼和升华，特别是结合自己的工作岗位，看到了总书记高尚的人格、博大的胸怀、坚定不移的理想信念、坚强不屈的奋斗精神、至真至朴的人民情怀和坚持不懈的读书习惯。总书记在梁家河插队的这七年，是艰苦奋斗的七年，是踏踏实实干出来的七年，是一生最宝贵的财富。整本书中充满着大智大情大理，令我感触颇深。

高尚的人格和博大的胸怀。青年习近平在文安驿公社赶集时偶遇乞讨老汉，说是他爸爸过去的卫士，他就把身上的钱、粮票和外套都给了人家。在当时自顾不暇的环境中，仍对乞食老汉倾其所有、倾囊相助，实在令人敬佩。雷平生曾提醒会不会是骗子，青年习近平始终相信乞食老汉不会也没有理由骗他。这种对贫穷老汉的理解和信任让人肃然起敬，体现的是“岂曰无衣？与子同袍”的情怀，这种毫无保留的倾囊相赠，非常人能所及。

坚定不移的理想信念。“15 岁来到黄土地时，我迷茫、彷徨；22 岁离开黄土地时，我已经有了坚定的人生目标，充满自信。”七年的知青岁月，青年习近平把自己看作黄土地的一部分，“作为人民公仆，陕北高原是我的根，因为这里培养出了我不变的信念：要为人民做实事！无论我走到哪里，永远都是黄土地的儿子”。恶劣的政治环境和生活环境，都没有让青年习近平放弃理想。他克服“四关”，坚定信念，为人民做实事。这足以启示当今大学生，要到艰苦的环境中去，要积极参与实践锻炼，积累经验、磨炼意志。

坚强不屈的奋斗精神。多次递交入团、入党申请书是思想上的奋斗，劳动不忘读书是精神上的奋斗，不断创新工作方法是工作上的奋斗。青年习近平无论是当普通知青，还是抽调出去搞社教工作，以及后面当了村支书，始终对工作认真负责，积极主动，从不滥用权力，从不偷懒。杨世忠在访谈中提到，村里的社员普遍反映青年习近平能吃苦，很忠厚，很踏实，从不溜奸耍滑。在当了村支书后，青年习近平不安于现状，积极奋斗，本着“为人民办实事”的信念，带领大家治沟打坝、植树造林、大办沼气、打吃水井，改造厕所，开铁业社、缝纫社，办扫盲班，建成了陕西省第一个沼气村，改造了第一间男女分开的厕所。青年习近平在困境中不断奋斗，用人生中美好的七年青春，凭着自己的智慧和劳动完成了一次蜕变，实现了精神上的升华。青春是美好的，也是短暂的，大学生要勇于迎接挑战，敢打敢拼，一步一个脚印，走好每一步，才能让自己的人生变得充实而又美好。

至真至朴的人民情怀。“我为什么不能在梁家河扎根呢？我为什么不能留在这里为老百姓干好事呢？自己的路自己走，自己的事自己干！”当大部分知青都离开了，青年习近平主要想的不是自己的前途，而是怎么做好村里的工作，怎么让群众的生活好起来，踏踏实实为群众干实事，解决群众当时需要的粮食问题、吃水问题等。陶海粟在访谈中曾说道：经过七年的磨炼，他在这里已经有情似亲人、贴心知己的父老兄弟，已经有殚精竭虑、日思夜想干不完的事情。总书记心系群众，多次回到梁家河看望乡亲，即使离开了也关注着梁家河的发展。同时，总书记心里装着多个“梁家河”，挂念着千百万的乡亲，躬身实践，做细致的工作，解决群众最期盼的事，提高群众的幸福指数。

坚持不懈的读书习惯。“听说，为了找到歌德的《浮士德》，他跑了三十几里路才借到手。”“上山放羊，他揣着书，把羊放到山坡上，就开始看书。锄地休息时，拿出新华字典记一个字的多种含义，一点一滴积累。”……即使在梁家河那段艰苦的日子里，青年习近平都没有放弃过读书和思考，没有失去对知识的渴求，始终保持着读书的好习惯。与其说读书是一个好习惯，更不如说青年习近平坚持的是一种生活态度、一种工作责任和一种精神追求。“他碰到喜欢看的书，就要把书看完；遇到不懂的事情，就要仔细研究透彻”，“十五六岁的小伙子，同龄人都跑出去玩耍，他还能饿着肚子坐得住，能静下心来看书、阅读、思考”。习总书记说，先贤们的思想结晶，许多人的智慧和成功的经验都在书里，无须经其同意便可拿来为我所用，何乐而不为呢？只有愚蠢的人才不去读书。我们目前倡导的阅读经典正是对总书记的读书理念的积极实践。“书犹药也，善读之可以医愚。”读书可以让人保持思想活力，滋养浩然之气。我们既要保持好的读书习惯，更应会读、善读。

青年兴则国家兴，青年强则国家强。当代大学生应该扣好人生第一粒纽扣，胸怀理想、坚定信念、脚踏实地，扎根于国家建设，投身到国家需要的岗位中去。现在，青春是用来奋斗的；将来，青春是用来回忆的。希望我们现在都能不断进取，将来给自己一个美好的青春回忆！

郑　敏

【作者小传】

郑敏，女，汉族，2011 年 7 月参加工作，现担任电气工程学院城轨电气系团总支书记、学工办主任职务，曾获“华为优秀辅导员”“优秀学生工作者”“优秀共产党员”等多项荣誉称号。

未来人类该何去何从

——读《未来简史》有感

《未来简史》是 2017 年全球最受关注的书之一，其作者尤瓦尔·赫拉利思想是深邃的。他是一位来自以色列的历史学家，其 2014 年出版的《人类简史》凭借对人类过去 7 万年发展历程的重新阐释而席卷全球。但是在《未来简史》这本新书中，赫拉利无疑进行了更大的挑战：他试图推演人类未来社会将会是什么样的。

拜读赫拉利教授的大作之后，我颇有几分感慨。暂不说未来社会，就让我们立足于当今社会，随着 AlphaGo 以 4：0 击败了代表人类围棋最高成就的柯洁之后，21 世纪的人工智能似乎越来越博人眼球。科技飞速发展的程度已经是 100 年前的人们所不能想象的，而未来人们将会面临前所未有的技术挑战。在机器摘夺人类智慧的明珠后，作为人类的我们似乎会发出这样的疑问：人类的前途在哪里？未来的我们将何去何从？这些问

《未来简史》，（以色列）尤瓦尔·赫拉利著，林俊宏译，中信出版集团

题很难回答，唯有让时间见证。现在，我们不妨跟随赫拉利教授的逻辑，来一场基于历史与新技术的头脑风暴。

跟随赫拉利教授的笔触，回望人类历史，我不禁思考人类到底哪些地方改变了，哪些地方没有。或者说，人类在哪些领域取得了突破，但还有哪些地方我们与几千年前的老祖宗比起来没什么变化？

首先从智人的出现开始，人类经历了重重困难，几乎推翻了压在身上的三座大山——饥荒、疾病和战乱。说实话，在没看这本书之前，我确实未曾想过还有这样的三座大山。一说起三座大山，首先进入脑海的是我国新民主主义革命时期的三大敌人，即帝国主义、封建主义、官僚资本主义。但是仔细想来，无论是哪三座大山，无一例外都是制约我们发展的制度，它们在本质上并无太大差别。

随着政治经济文化的全球化发展，世界上越来越少有人面临饥荒。尤其是拥有十几亿人口的中国，在不过短短几十年的时间里，便已经解决了国人的温饱问题。当然世界上的其他国家，例如非洲的一些地方，还存在一些粮食不足的问题，但是很多已经不再是由于天灾，而更多是由于政治因素等人祸。再说疾病，14世纪30年代的黑死病，在东亚和中亚某地，跳蚤携带的鼠疫杆菌感染人类，横扫欧亚、北非，并抵达大西洋沿岸。还有曾经几乎使印第安人灭绝的天花以及近年来我们比较熟悉的非典、流感。然而，尽管疾病来势汹汹，却从没有一场疫情真正使人类灭绝。到了20世纪，随着医学进步，由于疫苗、抗生素的出现，卫生条件的提升以及医疗基础设施的改善，人类已经能够成功预防和应对突如其来的病毒，例如禽流感、埃博拉。至于第三座大山——

战乱，在倡导和平与发展的当今社会，和平已经不是两场战争之间的间隔期，今天的人类更加相信和平可以持续。

从历史的趋势来看，人类已经从靠天吃饭转向自力更生，从听天由命到自强不息，从丛林法则到和平共处。人类的生命在不断延长，这是人类所取得的巨大成就，也是科技的力量。我们感叹当下的幸福生活，但是即便人的生命在不断延长，也终有一死，人类的生理构造并没有发生改变。而相对于生理构造，另一个亘古不变的是人类的心理属性，即人性。正如古希腊的悲剧拿到今天依然是悲剧，100 年前卓别林的喜剧今天看来依然令人忍俊不禁，两千年前刘备的哭法和今人的哭法一致。我们不禁发现，原来古人的喜怒哀乐与我们今天的人类没什么不同。人类的生理属性与心理属性在漫长的历史进化中未曾改变。

所以到了 21 世纪，人类推倒了饥荒、瘟疫、战争三座大山，却遇到了一个新问题：我们接下来将要做什么？人类的下一个目标是什么？

赫拉利教授提出了两项议题，其中一项我们大家都很熟悉，即当今各个国家都在极力倡导的绿色与生态。我们要保护人类和地球不被人类自己的力量所损害，不会影响人类的未来；至于另外一个目标，则是在变与未变隐隐被当下的科技发展打破之际，思考人类有没有可能获得永生，获得幸福快乐，甚至化身为神。这可以说是赫拉利教授的眼光独到之处。著名人物包括老年病学家奥布里 · 德格雷就已经公开表示，现代科学的重要任务就是战胜死亡，赋予人类永恒的青春。而 Google 子公司 Calico 已经投入巨额的资本研究人类如何战胜死亡。

那么战胜死亡之后呢？人类又将如何？记得曾听过一个观

点，死亡是生命的可贵之处。没有了死亡，人类还会对生命报以敬畏吗？赫拉利教授并没有让我们想象人类获得永生将如何，而仅仅思考人类生命延长一倍将可能发生什么。毫无意外，现行的社会秩序必将被打破，从婚姻家庭到职业生涯，再到政治领域，人类社会将会受到前所未有的冲击。但是乐观态度也让我们相信，必将会出现一个适应人类两倍生命的社会制度或秩序，使得未来人类生活井然有序。

从文艺复兴开始到今天，人类社会的主旋律不再是神，而是人自己。尽量减少对人类个人生活的干预，人类的发展不断地在试图释放人的潜能。说到“以人为本”我们都不陌生，但是“以人为本”意味着什么？这意味着在人类社会中，不需要信万物，不需要信上帝，人类只需要相信自己，就可以发展生产力。所以“人本主义”的核心，就是认清楚世界的主宰是人类自己。

在《未来简史》一书中，未来宗教已经不再是“人本主义”，而有可能是数据主义。“科学研究正在完成一个重大的整合，让这个世界数据化，所有的生命活动都可以看作算法，生命的形成正是数据加工的过程。”这部分让我感到晦涩难懂，如果说生命是数据加工的过程，那么我们的碳基大脑岂不是完全可以被硅基电脑所取代？是不是也就意味着随着人工智能时代的到来，不仅人类大部分工作都会被人工智能取代，我们人类自己也将被取代？这个过程的实现可能我有生之年都看不到了，但是这样推演的结果却让我感到既困惑又可怕。我不能否认有些工作确实正在被智能取代，但是想起曾经看过的科幻电影，影片中所演绎的矛盾点都集中在情感问题，再智能的机器人也不可能拥有人类的感情。像教师这样需要倾注情感经历的职业也会被取代吗？教育可不是冷冰冰的啊。对这个问题的论述，赫拉利教授不可谓不犀利，也让读到这里的我脊背一凉。

如书中所言，“过往智力与意识是合二为一的，这个整体就是人类，而现在智力和意识正在剥离，人工智能可能不具备人类的感知力，但他们却有着超乎寻常的智力”，“这些没有意识，超高智力的算法，可能未来会比人类更加了解人类，比律师更懂法律，比厨师更懂烹饪”。是，人工智能确实不会有人类的情感，也即意识，但是随着信息技术水平的不断升高，自主学习的智能算法甚至可能超越人脑的水平。人类在决策方面对电脑的依赖更加严重，所有需要专业知识的职业都存在被人工智能取代的风险。

人本主义在信息时代面临的问题将是人类失去决策权，沦为无用阶层。当这个社会上99%的经济、技术、科技领域都被人工智能所取代时，人的决策已经无足轻重了，人本主义的根基也就逐渐不存在了。人作为个体已经不存在了，但是人作为整体的价值还在。

人类将分为两类，一类是可以控制代码，掌控人工智能的超级人类；一类是被代码取代，沦为社会的无用阶层。那么超级人类会如何对待无用阶层？

而以上的一切都是人类飞速发展中可能发生的景象。

在书中，作者抛出三个问题：

第一，所有的生命活动都可以用算法来演绎吗？这个世界的万事万物是否都可以数据化？

第二，当一个智力超过人类的人工智能出现时，我们到底该相信谁？

第三，面对超过人类能力的机器人，我们会奋起与之一战吗？

赫拉利教授对书中提出的所有问题都没有给出明确的解决方向，知识远不及作者的我们就更无法回答。但有一点我们需要意识到：也许我们离人工智能的统治还很远，但我们离无用阶级已经很近了。

2002 年诺贝尔经济学获得者丹尼尔·卡内曼曾评价《未来简史》说："这是一部能够震撼人心，同时又趣味盎然的作品，而最重要的是，这本书会颠覆你的思考方式。"

是的，正如赫拉利教授大开的脑洞，我们也许应该弄清的是如何利用数据带来的好处，去规避数据主义对人性的终极扭曲。套用一句牛津大学硕士林伯虎在解读本书时说过的一句话："我们无法穿越到未来，也许我们能做的只有且行且思且等待。"

刘家璇

【作者小传】

刘家璇，女，汉族，1998年生于黑龙江省绥化市，现就读于西南交通大学经济管理学院金融专业。热爱书籍和电影，在笔墨之间品味生命之况味，在光影之间捕捉生活之陆离。热爱读书，去细味别人笔下的人生；热爱读书，去感受更多美好的际遇；热爱读书，让我们发现更加澄澈的自己。让读书成为我们的习惯，在平和的文字中，在跳跃的思想里，思索感悟。与书籍相伴，前程熠熠生辉。

读《乡土中国》有感

《乡土中国》，费孝通著，
上海人民出版社

泱泱中华五千年的历史发展，深受传统文化的润泽，彰显着风俗习惯的特色。当我们放眼世界，文化的融合、思想的碰撞、情感的交织，打破了人与人之间经纬度的距离。当我们感叹世界文化融合发展之繁荣时，也应该留意一下身边的社会，这个我们再“熟悉”不过的社会——乡土社会。

在中国，远离城市的片片土地上随处可见这样一个群体，他们在城市的背后默默付出，世代与土地打交道的他们用勤劳的双手为我们送来用以维持生计的粮食。也正是这个敏感而特殊的群体——农民，常被我们唤为土头土脑的农村人，在社会底层平凡付出，却成为中国发展最坚实的保障。在硬实力和软实力兼具的中国，他们不仅解决了人们的温饱问题，更撑起了中国的脊梁。那么，在这片神秘的土地上，在一个个相对闭塞的小乡村里究竟还留有什么样的故事与文化？这些乡土文化对于我们中国人又有怎样非凡的意义呢？问题萦绕在我心间，最终我在费孝通先生的《乡土中国》一书中找到了答案，开启了我对中国乡村悠久历史的新认识。

《乡土中国》是短小而精悍的，它没有华丽的辞藻、复杂的点缀，费老用最平实的语言为我们展示着乡土中国的独特魅力。纵然距离书成已经有七十多年了，部分传统已在历史的长河中随时光流淌远去，但总有一些思想和行为特点是乡土社会在一代代中国人身上的投影，是我们抹不掉的中国特色。

何为乡土

“从基层上看去，中国社会是乡土性的。”费老在开篇中就指出这个观点，中国是一个拥有五千年历史文明的国家，纵然小农经济随鸦片战争的开端而走向瓦解，纵然封建制度因辛亥革命的爆发被废除，但是农耕文明却始终是中国历史画卷中浓墨重彩的一部分，不曾抹去。在长达数千年的农耕文明影响下，乡土感情已融入我们每个中国人的血液，也成为中国社会独特的文化之一。中国的农民面朝黄土背朝天，“土”是他们祖祖辈辈绵延的特征，也是他们的命根子，半身插入土里劳作成就了他们深厚宽广的胸襟、沉稳敦厚的性格。对于靠种地谋生的农民来说，土地的意义不言而喻。也正是因为土地所孕育的粮食，才保障了所有人的温饱。在中国自古便有“民以食为天”的说法，可见，土地是每一个中国人都无法割舍的。在文化层面，中国人也赋予土地以情怀，乡土性无疑是对中国人“寻踪问祖”情怀的注解。大城市的繁华与便利的确更能满足人们的生活需求，但是那份每一个游子心中渴望归乡的强烈夙愿，也是乡土在中国文化中的投影。“生于斯，死于斯”的结果必是世代的黏着。我们的确有历世不移的企图：在城市操劳半辈子的人死后要回归家乡，华侨渴望回到祖国怀抱，出门在外带一抔家乡的土，等等。“乡土社会在地方性的限制下成了生于斯、死于斯的社会。常态的生活是终老是乡。”也正是因为长年居于一地，一些人认为农民是“愚”的，是缺乏知识的。的确，他们对城市的许多新鲜事物是缺乏正确的认知，但这也如同城市人对农务的无知。无论生活在哪个层次哪个时期的人们都无法避免自身认识的相对性和局限性。但是我们应该认识到，正是这些与土地世代黏着的中国农民推动了我国农耕文明不断向前发展，可见中国农民的思想是在不断进步的。

乡土社会的历史内涵

乡土社会的历史内涵是全书浓墨重彩的部分，费老从“文字下乡”和“差序格局”两个部分展开叙述。

由于土地的黏着性，乡村中的人大多生于斯长于斯，人和人都是彼此熟悉的。在这样熟悉的社会不用文字绝不能说是“愚”的表现。面对面的往来是直接接触，为什么要舍此完善的语言而转向文字呢。文字作为传情达意的工具之一，绝非唯一的工具，在人与人彼此熟悉了解的社会，一个眼神、一个动作，就能理解对方的意思。而且这种理解更加直接，不会因为语言的障碍或者复杂的含义便出现理解上的偏差。这工具本身是有缺陷的，能传的情、能达的意是有限的。但从文字的角度去批判下乡人“愚”显然是不客观、不合理的。

乡土社会是一个礼俗社会，在乡村生活的人们在长期的礼俗教化中，对一些行为规范做到了不假思索地遵守，这不是说我们中国人冥顽不灵，而是我们在做一些事情的时候，首先会想到传统是什么，老一辈的经验是什么。我们之所以这么想，是因为我们在成长中形成了对礼的敬畏和对自然的服膺。

费老在《乡土中国》一书中引出了一个很重要的概念——差序格局。这个概念如今已被世界认可。“差序格局”一词高度概括了中国传统的社会结构、人际关系的逻辑和传统文化的特点。差序格局是说中国社会就像是丢在水面上的一块石头而推出去的圈圈波纹，每个人都是这一个个波纹的中心。在不同的时间、地点，我们动用不同的圈子，圈子波及就会发生关系。而与差序格局相对比，西方人更像是砍柴，无论一把、一扎、一捆、一挑，每个人都能找到自己的位置。在差序格局中，每个圈子都是靠“礼”去维系的。

我理解“礼”有“常”之意，即人们认为最合适、最应该遵循的寻常之事。法律也是一种行为规范。区分礼和法的关键在于维持秩序所用的力量和所依据的规范的性质。法律靠国家强制实施，在国家这个概念产生之前，法律是靠政治权利保证实行的。然而礼则不需要权力做保障，维持礼的是传统。从奴隶社会到封建王朝，再到我们如今的中国特色社会主义社会，法治和礼治都是辩证统一的。我们不能提倡“重心论罪”，但是我们也不能忽视礼在整个社会的教化作用。如今再说“礼治天下”已经不再适宜，但礼治在当代表现为道德的建设。我们提倡的价值观就是为了帮助社会人去树立一种可以规范自身行为的信仰，从而提高社会的稳定性。当“摔倒老人要不要扶”成为热议话题时，我们感叹世道的冷漠，但也总有一些人，他们遵循着心中的信仰，扶起老人，也扶起自己的快乐。我们每个人内心都有一把道德衡量的标尺，内心坦荡之人自然是英雄，那些苟且品德败坏之人必然会遭受鄙视。基因编辑事件是对科学的亵渎、对法律的无视，更是对道德的践踏。“依法治国”的关键不再仅仅是法律的完备性和科学性，人们的道德修养建设也是推进法制社会至关重要的因素。

乡土社会的历史价值

其一，“土地”是每一个中国人的根。我们敬畏土地，敬畏自然。为了在这片土地生活，我们学会了如何与自然环境共处。如今，环保问题是人们广泛关注的重点。人们愈发认识到，绝不能以牺牲环境为代价发展工业，我们要携手保护乡村净土。其二，如今的乡村人口流动性增大，这在一定程度上打破了社会的稳定性和熟悉性，但是小农经济延伸下来的“共同体”概念，让我们不再惧怕钢筋水泥的冰冷，生活中仍随处可见温暖与爱心。其三，城镇化发展改变了无数农村人的思想和价值观念，在我们极力想打破城乡二元体制的时候，我们是不是也会打破让我们窥见传统的那面乡土的“镜子”呢？我认为我们应该遵循渗透在传统文化中的乡土特色，让其以自我改进的方式发展。

罗舒钰

【作者小传】

罗舒钰，女，汉族，1999 年生于四川省隆昌市，喜好阅读、旅游。现就读于西南交通大学犀浦校区电气工程学院 2017 级（本科）。

阅读于我仿佛一杯 45℃的纯牛奶，有醇厚的香气，一口口小酌，从喉咙缓缓向下，给我的身体带去一股慢慢延至四肢的暖流，口中也会有淡淡可回味的甘甜。

书籍是思想的延伸，世界如此之大，如果靠走去认识它，那么我们的生命实在是太短暂，于是只能靠思想去驰骋。把自己浸泡在别人的思想里，汲取养分，慢慢孕育自己的果实，在短暂的生命里成就更好的自己。

读《亲爱的安德烈》有感

与《亲爱的安德烈》这本书的相遇有些奇妙。我想如果不是因为“阅读与欣赏”课，我不会选择去看这样一本书。在情感专题里，我选择了它，因为我实在喜欢短篇的文章，而这本书三十六封书信的模式恰好满足了我速食的心理。起初对龙应台的印象大概也就限于《目送》了。读完这本书，我被它的细腻平实打动。这本书简单来说，就是龙应台和儿子安德烈三年时间互通书信的一个结集。三十六封家书呈现了两个不同生活背景的人不同价值观的碰撞与磨合。在信中，安德烈显得有些玩世不恭和黑色幽默，龙应台则是端着对儿子认真研究的态度。

《亲爱的安德烈》，龙应台、安德烈著，人民文学出版社

首先想谈谈这本书里令我有些感触的两句话。

“爱，不等于喜欢，爱，不等于认识。爱，其实是很多不喜欢，不认识，不沟通的借口。因为爱，所以正常的沟通也不必了。”读到书中的这句话，我颇有些感同身受，想起了自己早些年身处叛逆期时和妈妈吵过的架。其实那时候的我也很清楚，我深爱着妈妈，但是观念的不同再加上不愿意好好沟通，导致我们常常产生矛盾。原来有听过这样的说法：爱是喜欢的深化版，喜欢到深处就会成为爱。但在我看来，喜欢和爱真的是两个东西，是没有递进关系的。

“人生中一个决定牵动着另一个决定，一个偶然注定着另一个偶然，因此偶然从来不是偶然，一条路势必走向下一条路，回不了头。”我一直都觉得，一个人从一出生开始，他所遇到的每一个人、他身上发生的每一件事、做出的每一个决定，这些因素一点点堆积，推动这个人成为未来的自己。任何一个因素的改变或者缺失可能都会让这个人成为另一个人。

再谈谈我的一些感悟。

在《逃避国家》这一封安德烈给龙应台的回信中，有这样一句话：“因为纳粹的历史，我从小就知道这种以德国为荣的感情是不可以流露出来的，是‘错误’的。”里面还有一个有意思的例子：“如果五十个德国人在街上大唱‘德国第一’‘德国万岁’，会把人给吓死，第二天可以上《纽约时报》了。”这让我产生了一些思考：作为当代人，是否应该为国家过去的历史背负罪责感，或者说承受指责？我认为，我们没有明确的立场去指责，因为毕竟过去那些暴力和苦痛并没有真切地发生在我们身上，但是我们绝对没有理由完全抛弃那份罪责，我们在承受国家的荣耀带给我们的荣光的同时，就注定要背负这份荣光反面的耻辱和罪责。

而且，品性优良的人往往眼光犀利，忧国忧民，能够清晰地看到自己国家的种种缺陷，也为那些不属于自己的罪恶感到羞愧，这样的人不应该受到我们的指责。就如同书中《为谁加油？》这封龙应台给儿子的回信中提到的斯蒂夫，“美国出兵伊拉克的那几天，我出席了一个宴会。宾客来自很多不同国家。有一个人被介绍时，主人很随口地加了一句，‘斯蒂夫是美国人’。斯蒂夫一听，深深一鞠躬，说，‘对不起’。他很认真地说，‘对不起’。没解释他为什么这样说，但是大家仿佛都懂了。那是一种耻感。”相反，那些随时准备为自己国家的种种错误和愚蠢而强词夺理的人，他们靠死死抱住自己的国家，或者说践踏别的国家，来获取自尊，隐藏自己的懦弱。这样的人也不会对指责产生任何羞愧感。

在这本书里，在安德烈身上，我感受到了多元文化带给一个人的巨大影响。安德烈从小就接受了德国、中国等多个国家文化的教育，这对他整个人的思想塑造有着莫大的影响。在信中，龙应台和安德烈，他们谈对政治、国际、民主的主张，谈品味、谈音乐……

在第八和第九封信里， 安德烈表达了他对贫富差距的看法。安德烈意识到：“我是一个‘日子过得太好’的年轻人，“老爸开着 BMW 车，我穿着一件 Ralph Lauren 的白衬衫，住在全德国平均收入最高的小镇。”同时安德烈看到世界上有很多人在饿死的边缘，很多人为了满足我们的物质需要而在不人道的环境里工作。安德烈深深地感到了“不道德”和“不心安理得”。他不以自己的生存状态为荣，却又无法跳出自己的生存状态。

同样二十岁的我，却没有办法对这些东西有自己独立的看法。安德烈在书中说自己是一个平凡的人，那我想我大概是更加平凡的人，在生活中一堆被迫完成的事情里面偶尔做做自己想做的事情，也偶尔为未来、为当下惆怅，但惆怅一会儿之后还是没心没肺地生活。我想这是二十岁独特的迷茫和“颓废”吧，没有目标便只好“浪费”生活。

最后想谈谈交流和沟通。

书中有这样一个情节，龙应台的小儿子菲力普发现，大家见面寒暄说到孩子的时候，总是用第三人称来代替，即使那个孩子就在旁边。这种情况在生活中其实很常见，很多大人并没有将孩子当作一个独立的、有思考能力的个体来看待。在孩子小的时候，父母们常常以孩子未成人的理由，把孩子隔离在交谈的圈子之外。比如“大人说话，小孩子不可以插嘴”。然而当孩子长大了，父母老了，就轮到父母被隔绝。比如“这些事情，跟你说了你也不明白”。隔阂就是在这样不沟通、你来我往的“报复”中产生的。

可以说，没有沟通就没有人际的互动关系。人与人的交往，不管是家人、朋友还是师生等各种关系，缺乏沟通，就会处在僵硬、隔阂、冷漠的状态，会出现误解、扭曲的局面，给感情带来极大的伤害。信息时代到来，工作、生活节奏越来越快，社会分工越来越细，信息爆炸，沟通变得更加迫切和重要。

对个人而言，良好的沟通能够使我们更坦诚地生活，更有人情味地生活。不难想象，在一个家庭或一个单位里，大家都各做各的事情，从不沟通，那将是多么无聊和枯燥的一种氛围。感情难以维系，事情难以处理，工作难以展开。我们可以看到，情商高的人往往都善于沟通，善于运用语言。语言有一种魔力，对同一件事情的表述，语调和顺序发生一点改变，说的人和听的人得到的情感信息就会不一样。现代的世界是个沟通的世界，透过沟通能够拓展个人关系的网络，发展人际关系中的支持系统；使交谈简单愉快，使对方感受到被尊重和理解，迅速激发他人的理解，让他人自愿带来更多的协助，发展互惠互利的合作关系；避免人际的无谓争论，不伤双方的感情，减少误解造成的压力，克服愤怒、恐惧、嫉妒等反面情绪，有利于心理健康。沟通是人际关系的一剂良好的润滑剂。

《亲爱的安德烈》是我读来觉得流畅舒适的一本书，读后也有了自己的一些浅薄的思考和看法，相信自己以后在处理和父母的关系这一问题上心态会更加平和。

李思思

【作者小传】

李思思，女，汉族，1999年生于湖北省武汉市。现就读于西南交通大学犀浦校区软件工程系2017级本科。深谙“非淡泊无以明志，非宁静无以致远。夫学须静也，才须学也。非学无以广才，非志无以成学”，坚持摒弃杂念地阅读。

“世界上任何书籍都不能带给自己好运，但是它们能让你悄悄地成为你自己。”如果没有书籍，那么所有的地方都得自己走一遍才能了解，所有的人生都得自己活一遍才能感受。了解身处的真实世界是阅读的初衷，充实积累自己是阅读的坚守。

读《雪国》有感

于我而言，川端康成不算是陌生的作家。“凌晨四点醒来，发现海棠花未眠。如果说，一朵花很美，那么有时我会不由自主地想到：要活下去！” 这便是我与川端康成的初识。翻开《雪国》这本书，正是因为一直以来听闻川端康成描写景物时的绝美言辞。除了《雪国》之外，他的其他作品，如《伊豆的舞女》《千只鹤》等也广为人知。他细腻忧伤的文笔，富有阴郁特色的创作，令我深陷于他的文字无法自拔，读毕怅然若失。

《雪国》，（日本）川端康成著，叶渭渠译，人民文学出版社

在我的想象中，冬天的漫天雪花纷飞下，日本变成一个雪白的国度。在川端康成的笔下，“雪国”就是一个恰到好处的形容，小说故事的序幕就在这样一个绝美的地方展开了。

《雪国》的主线是岛村、驹子、叶子、行男四人间的爱情故事。小说开篇就是舞蹈艺术研究家岛村坐上通往雪国的列车，第二次前往雪国的温泉旅馆，在列车上初遇叶子。驹子的三弦琴师傅的儿子行男患了肺结核，叶子陪同他从东京乘火车返回汤泽，正好坐在第二次去会驹子的岛村对面。岛村透过车窗欣赏黄昏的雪景，却看到映现在车窗上的美丽的叶子。而岛村第二次见到驹子时，她已经不再是第一次相遇时的清丽少女。她为了帮行男赚取医药费而沦为艺伎。岛村离开雪国回到东京正逢行男离世，驹子不愿见他最后一面，坚持要为岛村送行，而叶子坚持每天去上坟。后来岛村怀着对驹子的留恋和对叶子的幻想第三次回到雪国，他和驹子的羁绊日渐加深，反思过后决定离开雪国。在临行前一个布满银河光辉的美丽夜晚，叶子于一场大火中意外去世，驹子发疯。

驹子

“她虽算不上是个美人，但比谁都要显得洁净”；“她过于洁净了”；“女子给人的印象洁净得出奇，甚至令人想到她的脚趾弯里大概也是干净的”；“只要环境许可，我还是想生活得干净些”；“神经质地连桌腿、火盆边都擦到了”；“在住处的墙壁上精心地贴上了毛边纸”；“墙壁和铺席虽旧，却非常干净”……

作者着墨最多的女主人公驹子，生活在社会底层污浊的环境中，却能保持着肉体的洁净与心灵的纯洁。驹子虽洁净，但她的洁净并不是一种简单的安安静静的洁净。长期的卖笑生涯和不幸遭遇扭曲了驹子的灵魂，使得她的性格变得复杂，倔强、热情、纯真，同时又保持着少女的淳朴。

不管其性情怎样复杂，从她身上都能看到无限的生命活力。她总是以大自然的峡谷为听众，孤独地练习弹奏三味线。这需要坚强的意志和不懈的努力。她从十六岁起就将读过的小说一一做了笔记，因此杂记本已有十册之多。这两个细节都表现出驹子超强的毅力和不愿随波逐流的人生态度。

驹子的这个形象同时还传达了一个矛盾，即情感和理智的矛盾。一方面，她清楚地知道自己对岛村的爱是没有结果的，想要逃避；另一方面却又情不自禁，不断地与岛村约会，越陷越深。驹子在这样矛盾的心情中生活着，挣扎着。她内心向往美好的爱情,想过那种正正经经的生活，然而这一切都是徒劳。

叶子

“这当儿，姑娘的脸上闪着灯光。镜中映像的清晰度并没有减弱窗外的灯火。灯火也没有把映像抹去。灯火就这样从她的脸上闪过，但并没有把她的脸照亮。这是一束从远方投来的寒光，模模糊糊地照亮了她眼睛的周围。她的眼睛同灯光重叠的那一瞬间，就像在夕阳的余晖里飞舞的萤火虫，妖艳而美丽”；“这是清澈得近乎悲戚的优美的声音，像是从什么地方传来的一种回响”；“叶子近乎悲戚的优美的声音，仿佛是某座雪山的回音，至今仍然在岛村的耳边萦绕”……

另一位女主人公叶子，作者对其着墨不多，但小说是以描写叶子开始和结束的。她始终是一个理想化的缥缈完美的形象，心地善良，乐于助人，身世凄惨却能保持纯洁。她的这种纯洁是完美的、纯粹的、未掺杂任何瑕疵的。这样的一个完美形象在现实中几乎不可能存在，作者塑造这个形象是为了映衬主人公驹子，从而丰富驹子的形象。叶子美但不真实，驹子虽有缺点却真实。作者让这个完美的形象在小说的结尾死去，也是为了保持她的完美。

岛村

男主人公岛村是一个不求上进的纨绔子弟。身为舞蹈艺术研究家，虽美其名曰研究，其实是任意想象，不是欣赏舞蹈家栩栩如生的肉体舞蹈艺术，而是欣赏他自己空想的舞蹈幻影。

长谷川泉说：“岛村是一面镜子，这面镜子将驹子和叶子的纯粹性活生生地映照出来。”整个作品是通过岛村的视野逐一展开的，因此小说的叙述中包含着他的主观色彩，而这种叙述使驹子和叶子两个人物形象构成一种美妙的相辅相成的联系。驹子是真实的，而叶子是虚幻的；驹子是“肉”的代表，而叶子是“灵”的代表。

徒劳

岛村对很多事物总是缺乏热情与关注，在他看来，仿佛一切都是徒劳。

对于驹子的刻苦弹琴，岛村认为这是徒劳无益的，也可以说他对驹子这种对未来的憧憬感到悲哀悲叹。而对于驹子坚持写日记，岛村明知这对她来说不会是徒劳的，却说光记这些有什么意思呢，完全是一种徒劳嘛。对于倾心于自己的驹子身上迸发出的奔放的热情，岛村又觉得格外可怜，总把她的爱情看作一种美的徒劳。对于驹子是行男的未婚妻，叶子是他的新情人，而他又快要病故，岛村脑海中又泛出“徒劳”二字来。

在小说的最后，叶子葬身火海，驹子陷入疯狂，岛村妄图欣赏“徒劳”本身，却陷入徒劳无法自拔。雪国崩塌于一场大火，本就搭建在虚幻上的美，干干脆脆地破碎了。这样的结局体现了川端康成所具有的“生即是死，死即是生”的物哀美学理念，反映了川端康成对“永恒即纯粹”的精神世界的追求。

感悟

在阅读《雪国》时，无论是从人物的塑造，还是景物的描写，我都切实感受到了虚灵动荡的生命力，感受到了“虚和实，现实和非现实”营造出的美的世界。

驹子曾经对岛村说起叶子：“不知道为什么，我看见她，总觉得将来她可能成为我沉重的包袱。”而在小说结尾，作者写道：“叶子露出拼命挣扎的表情，耷拉着她那临终时呆滞的脸。驹子仿佛抱着自己的牺牲品和罪孽一样。”叶子最终以死逃脱自己的命运，而驹子要是重新选择的话，她或者仍然选择成为艺伎，像现在这样生活，或者她只有像叶子那样选择死亡。

曾华隽先生说：“对岛村而言，如果说驹子是火车车厢内的叶子本人的话，那么叶子就是映在车窗玻璃中的那个叶子，一个是现实的，一个是虚幻的。”这句话十分贴切地说明了叶子和驹子的关系。驹子是一个十分复杂的人物，而叶子始终只是驹子的另一面，她仿佛是驹子洁净、徒劳的结晶。川端康成从第一女主人公身上抽出某一突出特征用来塑造另一个女主人公，以暗示人物命运，突出主人公。在《雪国》中，作者为了突出驹子的洁净，才在驹子之外幻化出天使般完美的叶子形象，让叶子作为驹子的内在纯粹精神存在，使驹子善良洁净的天性得到最大限度的展现。

叶子只是驹子的一个影子，是驹子精神世界中的一部分，或者可以说，叶子只是驹子过去的一种存在，一方面是美好纯洁的象征，一方面也是认真生活的态度。岛村是虚无哲学的代表，他一方面被这种美好感动，对它产生了向往和依恋；另一方面他又本能地对驹子所向往的东西产生怀疑和排斥，认为这一切都只是徒劳。就这样既依恋又排斥。岛村在极度矛盾中一次次逃亡，他选择了非现实世界中驹子的过去，即叶子。当然，叶子是他亦真亦幻的一个梦境，直到最后叶子坠身火海，他的梦才醒，他才知道叶子只是驹子的影子，自己一直依恋着的是驹子的影子。这更是一种徒劳，所以他觉得银河一下子向他的心坎上倾泻下来。

小说的结局在我看来是悲剧。但在岛村看来却不完全如此。他觉得其中有悲有美，既悲又美，正因为悲，所以才美。

董　洁

【作者小传】

董洁，女，汉族，1999年生于四川省自贡市，现就读于西南交通大学犀浦校区信息科学与技术学院软件工程2017级（本科），喜欢阅读一些散文、诗歌，相信每一部作品的诞生都有一个灵魂伴生，值得被拥抱欣赏。

脚步无法向远方前行时，翻开一页书，心何处而不可达？花草树木虫鱼鸟，喜怒哀乐爱恶欲，自然、人性都可以在阅读中得到不同角度的答案，经过沉淀，心中便有了自己的答案。路途尚且遥远，以阅读为明月，想必也能温暖又坚定地迈步向前。

读《人间词话》有感

初次看到《人间词话》，就想起“高处不胜寒，起舞弄清影，何似在人间”的句子。词在过去还是表情达意、抒发胸怀的媒介，而到现在和我们的生活已似有极大的距离，就像束之高阁的精品，偶尔炫耀，却也没有什么了解。日常学习、了解诗词也是囫囵吞枣，诵读两遍，觉其中意境千万，再慨叹一句“好词”，却很难说出什么。如今想来，当时也带着此等中华瑰宝、文人雅士情趣，我何德何能能读懂太多的心思，如月虽美，寒凉而遥不可及，远观而不可亵玩眼，何谈品读？《人间词话》的“人间”二字，似给词笼上一缕烟火气。就冲着这缕气，便有了翻开书的勇气。

《人间词话》，王国维著，上海古籍出版社

“古今之成大事业大学问者必经过三种之境界：‘昨夜西风凋碧树，独上高楼，望尽天涯路’，此第一境也。‘衣带渐宽终不悔，为伊消得人憔悴’，此第二境也。‘众里寻他千百度，蓦然回首，那人却在，灯火阑珊处’，此第三境也。”

这段《人间词话》中的经典论述，细细品味，这三个阶段也是人生事业成功必然经历的三个阶段。从混沌迷茫、不知前路在何方，到上下求索、历尽艰苦磨难而不悔、开始见到熹微的曙光，再到最后豁然开朗，找到了原以为远在天边、实则近在眼前的答案，遵循的都是“迷惘—求索—顿悟”的过程。

可什么是“境界”呢？王国维自信“然沧浪所谓‘兴趣’，阮亭所谓‘神韵’，犹不过道其面目；不若鄙人拈出‘境界’二字，为探其本也”。境界在我的理解中即意象加情感。这两个关键组成就又将境界划分为造境和写境、有我之境和无我之境。

写境偏于写实，眼前现实的描述。生活在现实可触世界中，艺术来源于生活，所写之境也都来自生活体验和经历。造境偏于理想，是对现有境界的重构。诗人也是人，看事物总会带有自己的认识和思考，所写之境也成为有自己思想灵魂的新境。写境与造境，在大诗人笔下却是模糊了边界。好的写境必能品出理想，好的造境也必合乎自然。

关于区分诗词有无境界，王国维提出“景非独谓景物也，喜怒哀乐亦人心中之一境界。故能写真景物真感情者，谓之有境界，否则谓之无境界”。诗词的最终用意就是在表达抒发，若全诗辞藻华丽，精妙绝伦，最多算个好词好句。在我看来，诗词能向人传达一种情绪，或展现一幅画卷，才是一首有境界的好诗好词。如宋祁的《玉楼春》：“绿杨烟外晓寒轻，红杏枝头春意闹。”一个“闹”字便境界全出。远处杨柳如烟，一片嫩绿，虽是清晨，寒气却很轻微，枝头红杏更体现春意之浓。烂漫的大好春光似在我们眼前，活灵活现，呼之欲出。小景在不同角度下未尝不如宏壮巍峨之大气势景。如“细雨鱼儿出，微风燕子斜”未尝不如“落日照大旗，马鸣风萧萧”。

《人间词话》除去对境界的阐述解析，还有对历代诗词人的评价。王国维对于诗词人的好贬明确直白，推崇正中、李后主、永叔、屯田、子瞻、少游、美成、稼轩、纳兰诸家；而对梦窗、白石、梅溪、玉田、草窗、西麓、皋文等辈，则深自贬抑。王国维先生对诗人的定义似乎充满了玄妙色彩，“须入乎其内，又须出乎其外”，入木三分，故刻画生动。超脱出来再审视，方又能写出一份高致。“诗人必有轻视外物之意，故能以奴仆命风月。又必有重视外物之意，故能与花鸟共忧乐。”如太白，五花马、千金裘又如何，何如美酒共消愁；又如冯延巳“泪眼问花花不语”，少女与花似同命共苦。

在《人间词话》中，王国维先生对多位著名诗人词人的词作或写词风格作出评价。我在跟随王国维先生游走分析的过程中也更体味到诗词的无穷魅力。在此谈谈几位诗人及自己的一点小感悟。

温庭筠似乎从来都是一个有争议的诗人，喜欢者欲罢不能，不喜者不屑一顾。飞卿之诗辞藻华丽，秾艳精致，其词也多以女子口吻一写闺情，刻意求精，注重文采和声情，艺术成就极高，是为“花间派”首要词人。王国维提到飞卿的词品，用其一句“画屏金鹧鸪”来描述，可谓精辟独到。周济在《介存斋论词杂著》中，把飞卿比作严妆之美妇人，王国维则与之观点相反，认为飞卿之词仅句秀，远不如韦庄之词骨秀、李煜之词神秀。飞卿之词中的描写意象的运用无疑精巧绝伦，不过由于他所作诗词题材的限制，难免单薄。闺怨题材本就闲适，意象如柳丝、春雨、红烛、绣帘、花、鸟等多用于词中，固然精美，却也难以让人产生耳目一新的惊艳感。

王国维对其冯延巳的词品评价是“深美闳约”，唯其可当，词不失五代风格，格局却是宏大，开北宋一代风气。正中的《醉花间》是我最爱的几首之一。雪霁初晴，梅花就从风中提前得知春的信号，早早绽放枝头。鹊衔枝筑巢，明月也似慵懒地洒下几缕冷光，照亮备受寒意摧残的小草。山川风景仍“旧曾谙”，从前少年却已青春不再。再见不易，唯举杯痛饮，毕竟别离多而欢会少。几千年的文化积累，好词不在少数，甚至可以说灿若星河。但我始终认为诗词和人之间也存在缘分，相中的一言便爱上整首词，再多同类型、同情感的，读来也不觉那么顺随心意。也许正好是处在少年人伤春悲秋的年纪，时代脚步加快，不断有人在自己乘坐的列车上出站换乘，也不断有人入站共度一段旅程。心中向往晴雪早梅、“高树鹊衔巢，斜月明寒草”的景色，风景也非亘古不变，别离多欢会少倒是贯穿始终。

在谈论诗词时，李煜总不免被提到。作为南唐后主，他不懂国事治理，笔尖上流出的风月却让人沉醉。词人写词，除了眼耳鼻手各种感官对信息的收集整理，最重要的还是心。李煜生于深宫，长于妇人之手，历世愈浅则性情愈真，葆有一颗赤子心。为君难免为社稷之不幸，为词人却是风月之幸，留住了刹那的芳华。尼采对后主评价也极高，评后主为以血书者，俨有释迦、基督担荷人类罪恶之意。

《人间词话》中关于替代字的看法，是最颠覆我对诗词理解的一部分。王国维先生在书中批判了词中“说桃不可直说破桃”“柳不可直说破柳”的言论。从前不懂诗词，便也陷入辞藻华丽则为美的误区中，自觉“红雨”“章台”“银钩”“玉箸”读来如朦胧中的红酥手轻柔抚摸，还显高雅。如今细想，美则美，却又多了一分匠气，反而失掉了自然的灵气。《四库提要》中直言："不可说破，其意欲避鄙俗，而不知转成涂饰，亦非确论。"王国维先生亦言："果以是为工，则古今类书具在，又安用词为耶？"如写荷，"叶上初阳干宿雨，水面清圆，一一风荷举。"荷之神韵，一览无余。白石之写荷，词如《念奴娇》《惜红衣》全篇难见荷字，偏重去写荷情态、色香，隔雾看花，美感反而淡了。

全书读下来，颇觉心胸开阔，借机了解了更多优美的诗词，还增强了自身鉴赏力，沉淀心绪，一扫琐事烦扰之疲倦。一千个人心中有一千个哈姆雷特，自觉《人间词话》也是一本每人读来领悟皆不同之著作。书中的"境界说"，在工作学习中都是可以作为一个阶梯过程的标准。漫漫长路，有三盏灯照着，在前的激励，在后的支撑，冰冷中也有似有人间的温情。

邓浩宇

【作者小传】

邓浩宇，男，四川省攀枝花市人，现就读于西南交通大学2016级道路桥梁与渡河工程专业（本科）。爱好推理小说、ACG相关等。阅读，是一项生来就有但却无法忘却的技能。在纷杂的世界中漂泊，各式各样的信息窜入脑海。阅读是脑的本能，我们无法选择，可理解不是。我们读，我们看，我们听，我们写，渐渐地从别人形形色色的故事中，看见了自己的故事。我们之所以喜欢阅读，喜欢故事，是因为我们从其中理解到了生活的复杂与人生的多变。

我们都称自己是个普通人，但是这世界又有谁真的普通？

《动物农场》启示录

如果您是一位正被孩子哭闹纠缠着要讲睡前故事的疲惫家长，而很不巧的是，您从书柜中手忙脚乱地寻找合适的睡前读物时，无意中抽出了一本名字叫作《动物农场》的书，更不幸的是您根本没有拜读过这本看起来有趣的寓言故事书，那么，当您翻开第一页，大声念出第一个字的时候，恭喜，您和您的孩子牺牲了一晚上的精致睡眠，并成功地加入了“快乐”的反乌托邦联盟。

《动物农场》（英国）乔治·奥威尔著，荣如德译，上海译文出版社

打开这本书之前，你可能不知道经典的“反乌托邦三部曲”，甚至对什么是“乌托邦”都毫无头绪。你不会知道，自从托马斯·莫尔先生创造出那个独立美好的王国《乌托邦》之后，人们进行了轰轰烈烈的探索乌托邦运动。你也许更不知道，经历两次世界大战之后，人们开始反思独立封闭世界的合理性过程与更加跌宕起伏的反乌托邦运动。你唯一能够从手中这本寓言故事的扉页中得知的是，

这本小说的作者是乔治·奥威尔先生。

你打开百度，花了 5 分钟了解到，这位奥威尔先生，在众多的反乌托邦作家中，绝对当属最执着的敌托邦斗士。虽然奥威尔一生坎坷，早早地离开了人世，但他所创作的作品，不论是《1984》还是《动物农场》，都强烈而直接地反映出了他的政治倾向，并深刻地影响着后来的作家们。尽管被评价为“堂吉诃德式民主主义”，但毋庸置疑的是，奥威尔所希望的世界，是一种真正属于人民的、自由平等的理想社会。

翻开这本小说，你不禁开始设想，现在身处一座巨大的农场中，虽然你看起来是这座农场的主人，但是你身边的动物们似乎正在轰轰烈烈地发动着革命。你正想平息这场闹剧，这时，一队凶残黑狗出现了……你看完《动物农场》的前半部分，感叹道，这完全是一部可歌可泣的劳苦动物们追求自由、推翻压迫者的史诗。想着这样一部据说紧张刺激的作品难道会就这样草草结束？你带着倦意不紧不慢地读下去，却看到，在推翻人类的黑暗压迫之后，领导这场革命的革命猪们得到了动物们的拥护，但却在巨大的权力中逐渐迷失了自己。它们开始享乐，开始纵欲……同时它们吸取愚蠢人类的“失败之处”，不断地巩固着自己的政权，甚至建立了亲卫队，派遣它们监视恐吓其他的动物们。腐化的生活使这群独裁猪陷入堕落，随意压榨底层劳动者的价值，最后甚至和最初的敌人——人类进行着肮脏的交易……忍无可忍的其他动物们终于爆发，联合起来再次发起了革命。最后，猪被驱逐，新的领袖走上舞台，宣告独裁的结束……

你合上书，感到心惊肉跳。转念一想，现实生活中并不会有这样一座“丰富多彩”的农场，真正的猪也不会那么聪明。但是小说所描绘的故事却又是那么真实，仿佛刚刚才从电视、报纸上看到的那样。在这方面，奥威尔虽然采用了寓言故事的方式，但是所描述的事情却力图真实。同时，在刻画角色上，他选择了具有代表性的、各具特点的不同种动物来演绎这样一个故事。然而所有角色都不是二元论的非黑即白，它们更加圆润，更加狡猾，更加难以评价。例如故事的主角猪们，领导了动物们革命胜利，是不折不扣的功臣。但它们又是贪图权力、独裁统治的恶人……如此复杂的角色，却让人感觉到了真实感。似乎那些动物的皮毛之下，是一个个鲜活的人。你更加感到毛骨悚然了。

再读一遍小说，虽然篇幅不长，但是却在故事的构建上有着极其清晰的脉络，这也使得作者能够以有限的字数讲述一个属于动物的乌托邦国家的诞生与衰亡。故事选择了整个变化中的关键点进行描写，并在其间建立了精密的联系。俗话说，有因必有果，每一个事件的转变都隐藏在上一个事件中。小说中几乎没有插入任何外来的角色，所有的故事都发生在这一个小小农场的动物们之中，故事更加清晰明了，读者又能理解一切结果的缘由。

尽管同是反乌托邦小说，但是《动物农场》却不像《1984》那样压抑，反而巧妙地运用一种寓言的手法，通过悲剧与喜剧的结合，加上大胆极端的描写，使其超越现实，用不切实际的荒诞的想象凌驾于现实之上；但在另一方面，又深刻包含着现实的影子，真实世界恐怕不会出现这么戏剧化的剧情发展。但如果你将不同时间、不同地点的世界高度整合，那说不定就是这样一座愚昧循环的“动物庄园”。

为什么我们会将自由看得这么重要？你不禁陷入了思考。这可能源于我们根源的生存本能。我们在追求美好的时候，我们会发自内心地希望这是基于我们自己能力所得到的一种回馈。而不是一种平均与平衡。这也许就是最简单最基本的自由。我们不愿意像那座封闭的农场里的动物们一样，奋力工作却是为了维持一种病态的不平等自足。一方面，我们憎恶“拿破仑”的迫害；另一方面，我们也不想成为猪。那怎么样才好？当然是顺应自己内心对自由的呼唤，为了自己的利益而忙碌。

你渐渐明白，现代对于反乌托邦的理解是片面的，是极端一元化的，既然我们可以建立一个自给自足的家园，那为什么又必须拿个人的自由发展作为代价？无序在某些时刻却又是秩序，过度的自由有时候又是枷锁。建立一个理想的社会的路程，看来还很漫长。

孙　鹏

【作者小传】

孙鹏，男，1998 年生于新疆维吾尔自治区伊宁市，现就读于西南交通大学 2017 级铁道工程专业本科。爱好旅行、小说以及和朋友一起做的任何事。阅读是在漫长人生里不会背叛你的旅伴，无论精神或物质，贫穷或富有，永远年轻，永远热泪盈眶。

行者在世间行走

——《在路上》读后感

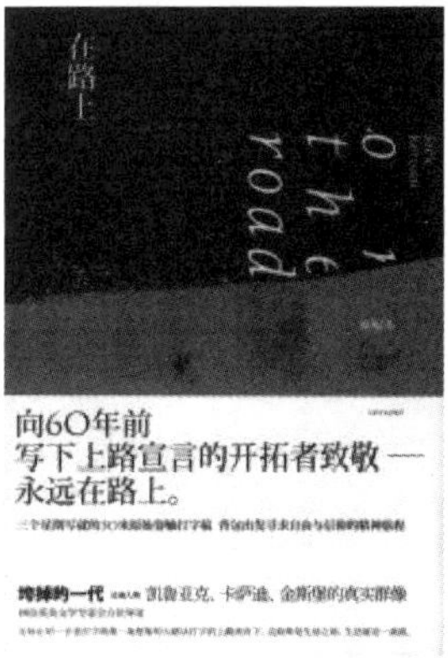

《在路上》，（美国）凯鲁亚克著，金绍禹译，上海译文出版社

一如书名，《在路上》是一本关于在路上的故事。当路到了尽头，书中的故事也到了结局。但对凯鲁亚克自己来说，“在路上”的日子大概是无穷尽的。作为一个“在路上”十年之久的作者，凯鲁亚克不只是像现在流行的旅行指南那样，把美洲那片神奇的充满魅力的土地带给他的读者，而是展现他“在路上”的整个世界：交好的挚友，自由的谈论，疯狂的爵士乐，还有无止境的烈酒和毒品。如此荒诞的旅行，周遭再狂野的景色大概也不过如此了，但对于“垮掉的一代”而言，这样的生活或许是最适合他们的：不需要繁杂的工作，因为对精神而言，物质是一种束缚；不需要规则的制约，因为对心存迷惘和矛盾的年轻人而言，规则存在的唯一意义就是被打破；不需要道德的管教，因为他们的内心

自有神佛的指引。

对一个喜好旅行的人来说，凯鲁亚克的生活和旅程令我羡慕，但这种旅程种种却也过于疯狂和不羁了。我也热爱在路上追求自我的感觉，但如果说一路嗑药高歌，我想旅途的终点不是真实的自己，而是警察局吧。但是，凯鲁亚克对于出行的观点和理念，我却很喜欢。他说："走在路上是为了成为更有资格的人。"面对生活中的种种矛盾和压力，在无法处理的时候，逃避是很自然的选择，也就是常说的"散散心"。但如果在路上没有真投入旅行，而只是把工作或者学习的苦难带到了行程中，那你只是从一个你待腻的地方来到了其他人待腻的地方罢了。旅途中的人，应该放弃自己的烦恼，享受旅途，享受在路上的每一刻，成为另一个自己，这样，在回到已经"糟透的生活"时不会仍然感觉"糟透了"，因此也就成了"更有资格的人"。有资格处理难以解决的问题，有资格面对苦难，有资格过自己想要的生活，这才是行者在世间行走的乐趣所在啊。

"垮掉的一代"带来的亚文化冲击是巨大的，不仅仅对后世的美国青年，对中国青年的思想也有很大影响。"一场说走就走的旅行"，说起来很潇洒，但是真的"说走就走"并不是那么容易。"间隔年"的生活断档也令人羡慕，但是没有思考和思想的充分准备，"说走就走"只是为自己的冲动买单的行为。我们现在所谓的"穷游"与本书中主人公们的行为并没有太大的差别，花最少的钱，走最远的路，看别人看不到的风景，这是现代背包客们的信条。但是背起一个背包走天下的勇气，并不是所有人都有的。凯鲁亚克愿意背起背包走天下，很大一部分原因是他不想在生活中失去了自己。但是对于常年一个人出门的我来说，我愿意背起背包走天下的原因在于我散落在各处的好友们，在于与挚友相处的时光。交友广泛，但好友们又不在同一个地方。所以家中总是有来自各个地方的明信片，火热的吐鲁番、古老的南京、活泼的广州、亲切的武汉……很惊喜的是还有来自多雾的伦敦和舒适的墨尔本的问候。为了回应这份情感，我只能相约拜访（虽然至今没有机会出国），没有过多的目的，只是看看老友的近况。所以对我来说，“穷游”的更好方式是：带一张车票到一个地方，有老友更好，打一份工，可以不用很高报酬，足够买到下一站的车票就好，或许有同行的老友，又或许去结识更多的朋友，回到家后仍然有一个可以想起很多人的地方……对我而言，这就足够了。

旅行更像是在江湖行走的样子，这大概是我行走在世间的方式吧。比起在路上收获人生感悟、精神启示，我的“穷游”没有所谓的大彻大悟，到的地方也没有多么人迹罕至，但是情感上的收获要丰富得多，有一起看过的风景就够了，思考感悟什么的放在归来的路上。对生活的苦难来说，虽然有些晚，但总归没有太迟，不是么？

《在路上》除了旅行，还有很有趣的一点，那就是关于禅和神佛的讨论。作为一个观念和思想都相当独特的作家，凯鲁亚克对“禅”的理解不同于传统的东方观念中的刻板和教条。如果说济公“酒肉穿肠过，佛祖心中留”尚且将佛放在了心中供奉，那么凯鲁亚克就是将佛放在了世间去寻找。他认为只有“空”的境界可以达到完全不受约束、完全自在的状态。但是，文字给人带来的感受是，凯鲁亚克并不是把“禅”真正当作信仰来描述的。他描述的更像是他人生的态度，借信仰来阐述。无论是他的作品还是他本身的生活，都是自由不受约束的，这也是我相当欣赏、喜欢的。

作为出生在资本社会中的人，放弃物质，放弃金钱，只追求自己想要的生活，为此不惜代价和辛劳，完完全全地洒脱生活。人生活在社会中，每个人都是不同的，有的追求名，有的追求利。少数人风光一生，大多数人普通一生，人的出处是不清楚的，也许在哪个转角就不经意地走上了不同的路。但是无论怎样，这都是一件琢磨不清的事。张子选说过："向鱼问水，向马问路，向神佛打听我一生的出处。"人的未来大概只有神佛明白，所以在还有梦想的时候向梦想走，还有力气的时候向山上走，既然热爱自由，为什么不追求自由？没有人能确定自己热爱的生活是否适合自己，就像没有人能保持着旁观的态势来决定他人的去处，不亲身去经历，又怎么会知道不适合、不想要？唯一有资格去否定一个事物的人，是历经沧桑磨难后得到它的人。其他人只是在一旁观看的小丑。这就是所谓的行者，不在乎旁人的枷锁，不在乎世俗的捆绑，只在意自己脚下的路是否喜欢，自己是否还能在这条路上走下去。如果热爱，如果能够，就不会停下。撞了墙，擦擦额头，没关系，继续走，这是行者们的态度。

作为凯鲁亚克的名句，"永远年轻，永远热泪盈眶"在国内各大青春影片、青春文学中屡见不鲜，但是这句话真的能在青春时期就被准确理解吗？我不知道，因为也许经历会让一个人在年幼时就不再"热泪盈眶"了；也许一路顺风顺水还不需要"热泪盈眶"；也许现在"热泪盈眶"，往后也不再记得这些了。凯鲁亚克自己或许也只是想一直保持他追求自由生活的那一面吧。在我看来，永远年轻的是心态，永远热泪盈眶的是情感。保持年轻的心态，葆有一直去追求的勇气和信念；拥有炽烈的情感，在经历更多后仍然能自由地表达自己的情感，不受外界的眼光。就像那句话所言：“愿你历经一切后，归来时仍是少年。”身体自然不可能再是少年，但是我仍然希望抱有一颗少年的心。即使我已经不再拥有可以让我不顾一切去追求的身体和精力，我也仍然想要去拥抱能够让我热泪盈眶的一切。就像凯鲁亚克喜爱爵士乐是因为它自由的节奏和旋律，我也热爱拥有热烈和不羁节奏的摇滚乐。“摇滚不死”是听摇滚乐的人最常听到的一句话。不死的只是它的音乐态度，而不是它的音乐受众。我并不是不热爱自由的旋律，但我更害怕丢失了自己处世的热血。因为，拥有热血，即使受困于自由受限的天地，我也会有向前冲破它的勇气。但是失去了它，即使身心处在自由的空间，也只是无方向地慢慢坠落。在心想要去的地方，脚印和伤痕都是炽烈的。在失去方向的路上，目光和身体所向都是火热的。所谓行者，行走就要有这样的姿态。

邢婉彰

【作者小传】

邢婉彰，女，汉族，河北省张家口市人，现就读于西南交通大学2017级道路桥梁与渡河工程专业。

平时喜欢读书，看电影，不喜欢运动。在读书时，常常感觉到自己的无知和生活的无趣贫乏，然后希望自己的生活也可以变得精彩有滋味，去尝试一些以前不敢做的事情。有时候会犯错，有时候会受伤，但还是觉得很有意义。

人生苦短，即使难以活得精彩，也要努力去活。

浮生似梦，唯爱永存

——读《浮生六记》有感

在中国古典文学里，鲜有著名诗人作家愿意多写自己的闺阁之事。沈复是个例外，无论是他最快乐的时光，还是最痛苦的时光里，都有他的妻子陈芸。这位本来也只是芸芸众生之中最普通不过的一位人妻，在沈复的笔下，在《浮生六记》之中，活成了中国文学史上最可爱的一位古典女郎。

《浮生六记》，〔清〕沈复著，上海古籍出版社

《浮生六记》是一本自传体散文集，分为《闺房记乐》《闲情记趣》《坎坷记愁》《浪游记快》《中山记历》《养生记道》六记。沈复在《浮生六记》中记录过往生活的点点滴滴，以真言述真情，以真情叙真事，而最让我感动难忘的，就是他和妻子陈芸的爱情。我读《浮生六记》，乐则与之同笑，哀则与之同叹。坎坷一生，人情百态，六记之中，看尽了沈复和陈芸一生的欢乐悲怆。

“若为儿择妇，非淑姊不娶。”十三岁的沈复对母亲说出了这样一句话，他此生，非陈芸不娶。在那个讲究父母之命、媒妁之言的封建时代，沈复亲自挑选了自己的妻子，且是非她不可的妻子，这便是一见钟情了吧。这一句话，便把两人的一生拴在了一起，再也分不开。

几年前初读《浮生六记》，只觉得这是十三岁的少年意气，两人青梅竹马，相伴一生，是如同现代言情小说一般美好的爱情。也许是因为那个时候我也太过于天真愚蠢，艳羡于沈复陈芸之间少年相识、终结良缘的美好爱情，以为世事真的可以如同小说那般，事事得一个美好圆满。

现如今再读，却终于觉出另一番滋味。人生何其漫漫，一个人能够在十三岁的时候就遇上那个注定和自己终老的人并且一见钟情，此生不负，该是何等的幸事。看两人坎坷不幸的一生，就觉得，沈复和陈芸一辈子的幸运，怕是都用在遇见对方这件事上了吧。

看第一记《闺房记乐》，字里行间都是快要溢出来的甜蜜恩爱。“其形削肩长项，瘦不露骨，眉弯目秀，顾盼神飞，唯两齿微露，似非佳相。一种缠绵之态，令人之意也消。”即使爱人长相稍有那么些美中不足，在沈复看来，也是可亲可爱的。

我记忆尤其深刻的是沈复对两人新婚之夜的描写，“至乾隆庚子正月二十二日花烛之夕，见瘦怯身材依然如昔，头巾既揭，相视嫣然。合卺后，并肩夜膳，余暗于案下握其腕，暖尖滑腻，胸中不觉怦怦作跳。”十八岁的少年，洞房花烛夜，看着自己选择的将要和自己共度余生的妻子，用目光将对方的身影细细刻画进心底。少年悄悄在桌底抚摸着妻子的手腕，心里小鹿乱撞，一切的少年情状，都无比真切美好。

少年的勇敢，向母亲求娶自己真心喜爱的妻子；少年的羞涩，在洞房花烛夜悄悄摩挲妻子的手腕；少年的真情，多少年难忘自己的心脏在胸膛里不安又欢愉地怦怦乱跳。我不禁想起《如懿传》中的一句台词：一生一次心意动。

许多许多年后，当沈复提笔开始写《浮生六记》时，他仍旧难以忘记当年洞房花烛夜的每一个细节——不，应该说，他与心爱之人度过的每时每刻，都在他失去陈芸之后的每一个思念她的日夜里，被无数次回忆，被无限放大，直到这份思念、这份回忆刻入骨血。陈芸之于沈复，便是那一生一次心意动。但是，人心敌不过天意，总有悲欢离合。沈复和陈芸，最好不过少年时，却再不复当年。

沈复如此情深，陈芸，又是否当真是一个如此可爱的女人，值得“性直爽，落拓不羁”的沈复“耳鬓相磨，亲同形影，爱恋之情有不可以言语形容者”？初时，我并不太明白这一点。陈芸是一个很好的姑娘、很好的妻子，但是她并不出众，这也许就是情人眼里出西施吧。

而作为一个读者，即使读着沈复主观写下的文章，也并没有觉出这个姑娘的与众不同。陈芸是十分典型的传统封建家庭教育出来的合格妻子，“事上以敬，处下以和，井井然未尝稍失”。作为一个古人，沈复显然相当满意这个完美的妻子。但作为一个现代人，我个人对这类循规蹈矩的“贤妻良母”实在难以认同，也不认为这是能够让沈复这位相当有个性的男子为之情痴一生的理由。但之后一次沈复与陈芸的对话，让我看到了这个女子身上真正可爱的、与众不同的东西。

唐以诗取士，诗之宗匠必推李、杜。当沈复问陈芸更喜欢哪一位时，陈芸回答：“杜诗锤炼精纯，李诗潇洒落拓，与其学杜之森严，不如学李之活泼。”杜诗格律谨严，词旨老当，为诗家之大成，学者多宗之，但陈芸偏偏选择了李白。再问，陈芸说：“李诗宛如姑射仙子，有一种落花流水之趣，令人喜爱。”

姑射之山，有仙人居也，肌肤若冰霜绰约如处子，不食五谷，吸风饮露，乘云气，御飞龙，而游乎四海之外。读至此处，我才真的对陈芸刮目相看，一个可以用姑射仙子形容李白之诗的女子，如何不可爱呢？陈芸注定一生无法摆脱封建礼教在她身上烙下的烙印，从出生起她就被作为某一个人的妻子而培养长大，但是，她的内心却依然向往着李白的浪漫自由。即使她仍然难逃封建制度和世俗礼教给她带来的悲剧命运，起码她曾是这样一个可爱的女子。

二十三年夫妻生活，两人一开始还会避嫌，不敢在人前过于亲密，之后却是越来越习以为常。便是在庭中堂下偶然遇到，也要握手问曰：“何处去？”同行之时必定同坐，并排交谈。七夕之时，刻“愿生生世世为夫妇”图章，一人一个，往来书信之用。沈复母亲诞辰演剧，陈芸为《惨别》伤心。沈复为了她，又请母亲点了《刺梁》《后索》，哄她出去看才算是安抚好妻子。沈复为带陈芸出去游玩，把陈芸打扮成了男子领了出去。后来陈芸如往常般同女子打招呼，险些被当作登徒浪子……

这就是夫妻俩的日常，浓情蜜意，溢于言表。无论多少年过去，沈复回忆起他们的曾经，都还是那般如糖汁里浸出来的甜。两人一起时，晴日暖阳自是好日子，阴雨连绵也别有意趣。两人生离死别，便再无处可为家，除了山水，再无可寄情之处。难忘当初陈芸许下的心愿：“他年当与君卜筑于此，买绕屋菜园十亩，课仆妪，植瓜蔬，以供薪水。君画我绣，以为诗酒之需。布衣菜饭，可乐终身，不必作远游计也。”

一个愿意和爱人布衣菜饭，可乐终身的女人，如何不可爱呢？

有道是：“恩爱夫妻不到头。”便是如沈复陈芸，也难逃这不吉利的话。陈芸抓着沈复的手，嘴里只念着来生，离世而去。“当是时，孤灯一盏，举目无亲，两手空拳，寸心欲碎。绵绵此恨，曷其有极！”字字泣血锥心般的痛，隔了这几百年的光阴，透过薄薄的纸张，依然能够被我感受到。

最好不过初相识，最苦不过永难见。看过《坎坷记愁》，再回头重读《闺房记乐》，才明白沈复当初那句“乐极灾生，亦是白头不终之兆”。失去挚爱，回忆过去，与妻子之间曾留下的那些遗憾，即便是未能一起赏月的小事，也似乎成了不能白头终老的预兆。

沈复陈芸的爱情，是我读过的真正感动人的爱情，如细水长流，富贵安宁时喜乐相随，坎坷奔波时死生不弃。愿天下儿女，都能有这样一份不朽的爱情。

赵泽昌

【作者小传】

赵泽昌，来自河北唐山，土木工程专业2017级学生。爱好书法、足球，积极参加社团活动，热爱读书，喜欢挑战自我，尝试新鲜事物，世界很大，想去看看！人生格言：逆水行舟，不进则退。

一场希望与命运的博弈

——《肖申克的救赎》读书报告

何为“救赎”？“救赎”是基督教义之一，它也可解释为“释放”。那何为“肖申克的救赎”？怕是只有读完《肖申克的救赎》才能略知一二。这是一场希望与命运的抗争，幸运的是，希望最终战胜了命运。

《肖申克的救赎》，（美国）斯蒂芬·金著，施寄青、赵永芬、齐若兰译，人民文学出版社

我从本书的代序中了解到，作为一代恐怖主义小说大家的斯蒂芬·金，用极为朴实的语言向我们讲述了四个故事：春天的希望——《肖申克的救赎》、夏日沉沦——《纳粹高徒》、不再纯真的秋天——《尸体》以及暮冬重生——《呼一吸一呼一吸》。关于这本书，用他自己的话说：“我花在上面的精神比任何一本书都多。”斯蒂芬·金完全抛弃了恐怖主义写作风格，用极强的注意力、信念以及善意的初心所作成的。创作这本书主要是为了完成他的一个希望，一个渴望得到众多书评人肯定

的希望，一个不会被他人当作“垃圾”的希望。《肖申克的救赎》是众多恐怖主义小说中的特例，但并不妨碍它成为一部经典。

《肖申克的救赎》主人公是安迪·杜弗伦，一个充满智慧却被命运开了玩笑的银行家。他因为被诬陷杀害他的妻子与情夫而进了肖申克监狱，一进就是二十七年。在监狱中他受过屈辱，遭过打击甚至强暴，也被关过禁闭……但这并不会削减他内心的希望。安迪是一个有思想的人，他懂得用自己的智慧自保，适应周围的环境，融入监狱这个小圈子，甚至掌握周围人的心理，让自己变得受人尊重，与黑暗抗争。他懂得忍耐，懂得卑躬屈膝，懂得自己想要什么，懂得自己内心的希望在哪里，并用自己的智慧向着这个方向前进，即使用了二十七年。

《肖申克的救赎》是按照第一人称的叙述方式展开的，而叙述人正是安迪在肖申克乃至一生的挚友——雷德。雷德是肖申克监狱里的老人，只要价钱合适，他就有本事弄到任何东西，除了枪械和毒品，因此他在肖申克监狱里声誉最好，地位最高。或许是由于阅历较深，与众多囚犯不一样的是，雷德不会像其他人那样动不动就张口大骂，甚至舞动拳头，他有自己的思考与道德底线。他帮助过安迪，也经常听安迪讲述他的故事。“齐华坦尼荷——一个邻近太平洋的没有记忆的温暖的地方，我要到那儿去。”在听安迪讲述他心向往之的地方时，雷德的内心也泛起点点微光，那是一种自由的感觉。而这种感觉以及在巴克斯登镇的约定正是雷德假释之后活下去的唯一动力。当然，雷德坚持下来了，在找到压在黑色火山岩玻璃石下的一封信及二十张五十元钞票后，穿着廉价西服，与他的好友安迪在太平洋海湾相见……

小说的故事很平淡，没有重大的转折与起伏，然而正是这些朴实的故事一次次地让我们的心灵走向救赎。

“他一定就像之前许多人那样，得到了这个结论：要对付这群姊妹只有两种办法，要不就是力拼之后不敌，要不就是从一开始就认了。”安迪选择了跟他们力拼。这是安迪在面对“三姊妹”欺凌时强烈的反抗，虽然不敌，但不会像其他人那样放弃挣扎。“我们坐在那儿喝啤酒，感觉阳光暖烘烘地洒在肩膀上，我们喝了二十分钟，这二十分钟让我们感到自己像个自由人。只有安迪没喝，他蹲坐在阴凉的地方双手搁在膝盖间摇晃，微微笑着，看着我们。”安迪在适当的时间适当地表现了自我价值，既赚取了其他囚犯的友谊，又让自己变得与众不同。正是靠着他与生俱来的智慧，他争取到了私人狱房的条件，为后来的越狱打下了基础。

“自从安迪走过来问我买丽塔·海华丝的海报以后，这是安迪第一次、也是最后一次失去了镇定……只不过这次他完全失控。那天我后来看见他的时候，他仿佛被重重地打了一耙正中眉心一样。”在得知关于谋杀案的真相之后，安迪去找典狱长理论，然而未果，安迪被关了连续两个三十天的禁闭。禁闭的日子很苦，但也给人留下了思考的时间，安迪好好思考了一番。等他结束禁闭生活时，他变了。安迪脸上出现了皱纹，头上长出灰发，嘴角惯有的微笑也不见了，他变得冷酷了。也正是这种种打击与阻碍让他坚定了逃离肖申克的信念。

安迪从肖申克逃走了。安迪要有何等的毅力，只用了二十七年的时间，就完成了雷德所谓六百年都不可能完成的事情。这更像是一场赌注，一场长达二十七年的赌注，赌上了自己的生命和未来。在这二十七年间，只要有一天安迪的行动被狱卒抓到，那么这场赌注将会全盘皆输。但是安迪成功了。他骨子里透露出的坚忍以及毫无畏惧的勇气，是何等让人佩服。正如书中说的那样：“有些鸟儿天生是关不住的，它们的羽毛太鲜明，歌声太甜美、也太狂野了，所以你只能放它走，否则哪天你打开笼子喂它们时，他们也会想办法扬长而去。你知道把它们关住是不对的，所以你会为它们感到高兴，但如此一来，你住的地方会因它们离去更显得黯淡空虚。”安迪就是这只鸟儿，这只渴望自由的小鸟，终于挣脱了冰冷的束缚，回归到属于自己的那片天空。这也正是整篇小说的高潮。

在小说的结尾部分，三十九年的囚犯雷德也终于被假释，他找到了安迪给他留下的火山岩玻璃，玻璃下面是一封信和整整一千元美金。毫无疑问，只有两条路可以走。使劲活下去或者使劲找死。雷德选择了前者。“然后，我要走进酒吧，把一张五元钞票放在酒保面前，要他给我来两杯威士忌，一杯给我自己，一杯给安迪。这将是我一九三八年入狱以来，第一次以自由人的身份喝酒。我发现自己兴奋莫名，我想唯有自由人才能感受到这种兴奋，一个自由人步上漫长的旅程，奔向不确定的未来。我希望安迪在那儿。我希望我能成功跨过美墨边界。我希望我能见到我的朋友，和他握握手。我希望太平洋就和我梦中所见的一样蔚蓝。我希望……”可以想象，安迪与雷德狱后的人生一定十分美好，因为他们心怀希望，忍过了长达几十年的监狱生活，更何况，他们是一生的挚友。

“希望”是个好东西，也许是世间最好的东西，好东西永远不会消逝。置身于黑暗环境中，以大无畏的勇气面对前方的困难与挫折，永不沮丧，永远奋斗，永远坦然，耐心地等待生命里那短暂的辉煌，这就是安迪的“救赎”。

《钟形罩》下的挣扎、疯癫与妥协

初见这本书，首先映入眼帘的是粉红嵌着白色的温柔色调，书的封面上画有一个让我至今印象深刻的玻璃罩，罩子里面是一个女人，脸上写满绝望，极目远眺却又寸步难行的无力感油然而生。关于此书，我仅有的了解是世人给予了它很高的评价——女性版的《麦田里的守望者》。

《钟形罩》，（美国）西尔维娅·普拉斯著，杨靖译，译林出版社

作者是来自美国的自白派女作家西尔维娅·普拉斯（Sylvia Plath）。本书是她于婚后不堪重负的生活背景下写就的。出版三周后，普拉斯就选择了离开，离开不幸的婚姻，离开惨淡的人世，留此书在人世独唱挽歌。这是普拉斯在世所著的最后一本书，也是唯一一部长篇自传体小说，未读便已感其深。

所谓钟形罩，是一种实验室用的钟形玻璃罩，用于保存胚胎之类的标本。作者以此为书名，其用意可见一斑，即喻指现实生活对灵魂的无形禁锢。书中内容多为对普拉斯本人真实遭遇的再加工和艺术化重现，或有些许夸张之处，但其情感之真切却让读者为之动容。据说曾与她共事的人或因此尴尬，或因此离婚。而初读此书的我，只觉味同嚼蜡，言语之艰涩，措辞之丑陋使我难堪亦费解，但稍后却能在这看似故意丑化的写作手法中与作者寻得强烈的情感共鸣：她所叹惋无奈，悲痛呻吟之处，仿佛只有通过“写丑”才能淋漓尽致、真实地体现出来。又或许只是我们过分关注美好了吧。而我也都能在自己的生活中找到与埃斯特（文中女主角），也就是普拉斯本人的细碎认同感。也正因为如此，我能更加投入地去摸索作者的情感起伏。在读此书时，我仿佛已置身书中，我就是她的影子。

一本书的开篇通常都奠定了整书的基调，或喜或悲，而《钟形罩》的开篇只让我觉得可怕。书里这样写道：

“那年夏天非同寻常，闷热难当。那年夏天，他们用电刑处死了卢森堡夫妇，而我，根本不明白自己来纽约干什么。对处决，我一无所知，想到电刑就直犯恶心。然而，整天报纸里读到的都是这件事——每个街角，每个冒着陈腐之气，散发花生味的地铁口，总有报纸的头版鼓起眼睛瞪着我。这件事跟我毫无关系，可我忍不住要琢磨电刑——活生生地，沿着你的神经一路烧过去，那是一种什么感觉啊！”

初读其实未觉有何趣味或内涵，只是对主人公心理活动和周围的环境描写。然而，正是这种生活化的语调下，暗藏着一个女性波涛汹涌的内心世界，使得这本自传体小说已经有了极强的代入感，但凡有心的读者都能逐渐寻其轨迹，找到共鸣。作者写此书时常用倒叙，同时故事情节跳跃，其间又夹杂着一个有心理问题的女性的高度敏感性。这些都只有在细读此书后才能有所觉察，这透彻的写作思路也是我在读第二遍时才摸索到的。

开篇中提到的电刑、卢森堡夫妇、花生、报纸的头版以及之后文中突然提起的某些事物，其实也正体现出埃斯特复杂敏感的内心。因为这些人事的经历，让她感觉透不过气，仿佛活在一个透明却又封闭的钟形罩内——极目远眺，却又寸步难行。她在受到伤害、感到迷茫、幻想自杀时，在一次次否定自己、厌恶所处环境时出现的一系列她所讨厌所憎恶的东西却又突然冒在眼前，浮现在脑海的那种绝望，使她不得不“发疯”。

我觉得整本书按时间线可分为前后两部分，前面是埃斯特在纽约经历的人与事。这一部分又可以分为写纽约实习生活的明线和夹杂着对巴迪的回忆以及自己思想不断改变与更迭的暗线。之后则是埃斯特一步步走向发疯再慢慢接受自我、接受现实的一个妥协历程。前后的转折点便是埃斯特从纽约回到家乡波士顿前一夜，在纽约高楼扔衣时看似洒脱实则失望无奈的情景。

作为一个一路拿奖学金、前途看似一片光明优秀女性，获得了在纽约杂志社实习一个月的机会，是个正常人都会欣喜若狂。但也正是这一个月的生活，使埃斯特对自我产生了怀疑。她想给自己定性，但她却又在一步步把自己弄丢。她对原本向往的美好生活产生了敬畏与担忧，在大家都想涌入繁华纽约城的时候，她选择了逃离。

倒叙中，巴迪从埃斯特暗恋五年的心仪对象转变成了一个不折不扣的伪君子，一面故作清纯，一面胡作非为。就是这么一个埃斯特不愿再去接近、去了解的男人，彻底改变了埃斯特内心的单纯想法——保持自己的贞洁，这彻底将一个迷茫的姑娘带进了“钟形罩”。

埃斯特自幼丧父的人生貌似就已经注定缺少父爱以及一切与男人有关的温暖，但她追求幸福的脚步从未因家庭背景而停止。她谎称自己叫艾丽，来自芝加哥，其实这也正是因她内心向往而存在的人格缩影。她渴求以一种新的方式寻找自己。她也曾暗恋巴迪，直到发现了巴迪的虚伪之后，她开始萌发摆脱这个时代背景下绝大部分女性都注定要走的路的念头。她不是天生丽质、有个性、自带主角光环的多琳，也不是淳朴、阳光的贝特西，更不是希望与自己的爱好为伴的希尔达。她渴望无花果树上的每一颗果子，却又踌躇不前，犹豫不决，只得呆滞无助地看着一颗颗无花果枯萎凋落。她又何尝不想果断一点，勇敢一点，走上前去摘下属于自己的一颗无花果，放入嘴中享受甘甜？可此时的她已无法说服自己踏出那一步。

她的内心也从单纯渴望得到美好的爱情到了只为证明自己是女人这一肤浅的层次。自从被巴迪欺骗之后，她便觉得女人也没必要把贞洁奉为圭臬，她必须得和人上床才能解脱。她在找寻自我的路上也曾遇到过形形色色的男人：绝不玷污心上人的埃里克，高尚的康斯坦丁，因爱生恨、仇视女人的马科，单纯的共和大道的水手，以及最终和她上床的风流数学教授欧文。这些男人都不是埃斯特最终的归宿，但也正是他们影响了她人生的轨迹——她变得不再渴望爱情，不再对男人充满好奇，对自己这个女性身份也不再那么认同，以至于她只觉得自己是一个关在容器里的胚胎，等待着实验与死亡。

或许正是因为当时背景下麦卡锡主义盛行，小说中也难以避免地带有浓厚的父权主义氛围。可见父权主义使得无论是作者普拉斯还是文中的女主人公埃斯特，都受到了波及与影响。作为女性，这种伤害无疑是深入骨髓的。

埃斯特的母亲虽然只靠速记谋生，却仍不忘将这种思想灌输给她："女人必须学会一技之长才能在社会立足。"但也正是这种观念，使得她的母亲不敢直面社会中的父权，只能屈从但不苟同的无奈一览无遗。埃斯特自然不想沦为和母亲一样的人，她哪一类人都不是，她发誓不干与速记有关的任何事。但是谁又能说她的母亲不爱她呢，无论疯癫与否，自始至终也只有母亲陪伴着她。但是到最后，母亲仿佛也对女儿的"发疯"无能为力——谁让她的女儿不屈服于现实呢?

埃斯特何曾没有憧憬过谈一场美好的恋爱，然后结婚生子，余生变成一个家庭主妇，毫无自由可言，一辈子和孩子捆绑在一起。多么可悲！她想和多多康维一样，可是她却又做不到，一生被固化仿佛就是要了她的命，她也讨厌巴迪的母亲，那个连自己都鄙视自己，毫无自我，行尸走肉的女性。而在挣扎中，她也在悄然改变，正如书中所说："我会远远中意某个男子，觉得完美无瑕。然而一旦他靠近，我便立刻拒之千里。"这就是她"独特"的爱情观。埃斯特的老板杰西曾问她，有没有想过以后的事。她愣住了，她仿佛满脑子都是关于未来的画面，却一句话都说不出。既想住城里，又想住乡下是她的心声。她走不上任何一条女性可能走的正常的道路，只能一步步走向"疯癫"。

写作发展的不顺利可能是埃斯特"疯癫"最直接的导火索，她从纽约逃离回家乡波士顿，本以为可以进入暑期写作班。对写作事业充满信心的她，未想遭拒，这宛如压死骆驼的最后一根稻草，也直接导致她取消了暑期学校安排，和巴迪断绝往来，开始着手于写小说。小说没有头绪时，埃斯特发现自己需要阅历，比如风流韵事、死亡什么的她都没有经历过。看似大胆的想法中，恰恰反射出埃斯特内心的焦虑不安。她开始放弃写作，放弃一切臆想，开始怀疑自己一无是处。无法看书——除了恶心低俗的报纸；无法睡觉，需要服用安眠药度日，但服药似乎并不管用。这是精神层面的疾病，肉体上的沉睡始终无法根治灵魂的痼疾。

她想逃离，死亡或许是个不错的选择，于是她选择了自杀，一次次的尝试，换来的却只是一次次的失败。因为畏惧？看似失败的自杀，其实并不能单纯地被埃斯特总结成：在死亡面前，人不能总是自如地控制自己的身体，本能的求生欲会使自己难以自杀。反而体现出埃斯特其实并不能心安理得地去死，她连死都要一个合适的理由。但她没有答案，她只是寻求一种解脱的方式，并不是为了死而去死。这也正是为什么她选择吞服大量安眠药这一种“安乐死”的方式，正是为了缓解精神上的痛苦，而肉体上的痛苦她觉得毫无必要，因此找了一个让自己信服的理由蒙骗自己罢了。

只可惜，老天仿佛在捉弄埃斯特，她被救活然后送进精神病院，遇到了自以为是的戈丁大夫，不被理解，遭受电疗——这分明是电刑！她感到窒息，她要崩溃了，可是她逃不了，她已经被牢牢地罩住了！

诺兰大夫或许是这辈子对埃斯特最温柔的人，也正因此，文中才会写道：

“女人从男人身上找不到的，却能从女人身上发现的是什么东西呢？”

“是温柔。”

对啊，琼爱着埃斯特，可是埃斯特却无法接受同性恋。她拒绝了一切与爱有关的字眼，她退缩了，不敢去爱了。在这个父权横行的社会，她只不过是被迫过着和大多数女人一样的傀儡人生。她挣脱不了，可她在爱情上却仍然无法妥协让步。

可悲的是到最后就连诺兰大夫也无法帮助她走出去，只能她自己妥协屈从，这也正是那个时代里女性的无奈与可悲。她在找寻自我的道路上极度迷茫，虽也曾坚定，但最终却无法逃脱被洪流吞噬的命运。在诺兰大夫的电疗“帮助”下，埃斯特终于找回了“自我”，一个适应这个社会、服从这个社会的自我，一个崭新的自我，她头顶的钟形罩终于打开了！她得到了解脱！她得到了解脱吗？

“埃斯特，咱们从中断的地方重新来过。咱们就把这一切当作一场噩梦。”

一场噩梦，对罩在钟形罩中的人来说，如同一具死胎，毫无表情，这世界本身就是一场噩梦。

“长筒袜的接缝笔直，黑色的鞋子有些破损，但擦得锃亮，红色羊毛套装华丽如同我的种种计划。一点旧的，一点新的。”如同新娘出嫁一般，埃斯特获得了她的新生。

且抛开内容不说，《钟形罩》中作者采用的写作手法就很独到：第一人称视角，铺叙夹杂倒叙，偶尔的情节跳跃读来颇为艰涩与怪异。但也正是这种真实的写作风格，使读者能更真实地感受到埃斯特内心世界的起伏变化，初觉怪异之处也在细读中逐渐明朗自然起来。

书中生动的比喻和拟人手法较多，而且多为丑化写法，这反而更深刻地体现出埃斯特作为一个普通女性视角下的丑陋的父权社会。普拉斯通过女性的生活侧面展现出父权主义对女性深深的迫害，让读者深切感受到那个社会氛围下女性挣扎却又无能为力的无奈和无助。

我不是女性，可能对其中的一些认识比如贞洁抑或是生孩子的问题并不能有较为深刻的认识，但我依然能感受到作者笔下的埃斯特的心路历程。也正因此，我有很强烈的代入感，不因自己是女性，而是自己作为一个初入世的少年，社会远比我们想象得复杂。我能依稀感受到那种初入社会的无助与孤独，无人理解，无人看好，那些每个人都或许会经历的事反而最能引起大众的共鸣与反思，而我确然感受到了，普拉斯确实表达出来了。也许这是一本读来艰涩的书、一本压抑的书，但正是这么一本自传体小说，通过作者细致入微的表达，揭露了美国 20 世纪 50 年代的症结，仅从一个弱小的女性的视角，呈现出了一个社会的畸形风貌。普拉斯到死都没能摆脱自己的钟形罩，但她寄希望于埃斯特，看似完美的结局背后，其实也是普拉斯最后的挣扎。

金　娜

【作者小传】

金娜，2017级土木工程学院8班。古往今来，人们都很重视读书、学习。古有科举，今有学位考试，无疑都是重视知识的体现。说来惭愧，我并不是一个博学的人，我所读过的书也很少，但我是很认真地在读每一本书，认真地在体会书中的故事。《活着》这本书说短也短，说长也长，短在它的篇幅，长在它所带来的感受。我看完这本书后，久久不能平静，内心的悲伤压得我很沉重，即使过去很久，只要一想起，心中还是会感受到当时的那种悲痛。其实我并不认为读书就一定可以改变命运，但可以肯定的是，它能改变我看世界的角度，能让我了解到我之前并不曾知道的某个角落，从而感受到不一样的世界。

《活着》读后感

在一个充满阳光的下午，福贵与“我”一起坐在那棵茂盛的树下，没有眼泪，没有逃避，将他的故事娓娓道来。在这个叫作“活着”的故事里，他所珍爱的人们纷纷离去。

在看完这个故事以前，我未曾想象过一个人吃豆子撑死的模样，也未曾想象过一个人上一秒活蹦乱跳下一秒却因献血而失血过多的模样，更未曾想象过一个人一次又一次失去亲人的模样。我曾想，作者也许是铁石心肠，竟以如此平淡而缓和的笔调，一笔一笔地写下了福贵由少爷的荒诞到破产的艰辛，再写下了让有庆以一种难以置信的方式死去的悲惨。更残忍的是，当我们原以为悲惨故事到此结束，幸福即将来临的时候，作者笔锋一转，让他们一个个又相继离去，毫无征兆，就仿佛在做一个梦。真希望一觉醒来，他们还会是昨天的样子。

《活着》，余华著，南海出版公司

贺拉斯说，人的幸福要等到最后，在他的生前、葬礼前，无人有权说他幸福。余华在日文版自序中说道：我说在旁人的眼中福贵的一生是苦熬的一生；可是对于福贵自己，我相信他更多地感受到了幸福。我想是的吧，对于福贵自己，应该是感受到了幸福的，不然他如何如此从容地面对这残忍的一切，然后再执着地活着。

虽然我已无法清晰地记得这书中的每个情节，但当我再翻开这本书的时候，依然能感受到当时的那种悲恸和无法言喻的沉重感。即便书中的笔调如何平和，也都一一在我心中留下了痕迹。

我们常想象着，若能回到当年，我会这样，我会那样，把以前错了的一一纠正过来，不留一丝遗憾。而在福贵身上，我却未曾看到过这种幻想，看到的只是经历一切过后的从容。书中，福贵平静而又从容地讲述着他的一生，没有眼泪，亦没有逃避，仿佛经历这一切的并不是他。我一度以为福贵也是铁石心肠，年轻时对怀孕的妻子毫无怜惜，于破产无动于衷，而后来我却看到他对孩子的心软，对妻子的心疼，对身边人离去的悲伤，才知道，他不过是年少无知经历得太少罢了。你看，他对过往的描述是那么细致，每一个笑容，每一声叹息，每一滴眼泪，他都清楚地记得，仿佛所有的一切不过是刚发生的。我想，他的内心应该也是在艰难地忍耐吧，忍耐着那些可能会吞没他的悲伤与绝望，然后在这些忍耐中挣扎着活下去。

时间从不曾停歇，像落叶飞花一般无解。而福贵就在这样的世界里不断挣扎、忍耐，也在这些挣扎、忍耐中坚强，寻找新的幸福，然后再一次拥有活下去的勇气。我想，这也许就是活着吧。

我看过无数的故事，看过单亲妈妈因意外失去孩子的悲伤，看过在沙漠里的人迷失方向的迷茫，看过人们面对死亡时的恐惧，看过残疾人努力活下去的坚强，亦看过许多人质疑世界的疯狂，却第一次因为故事中的悲欢离合感到如此的悲伤和沉重。人们常说，我们都是上帝的亲爱的孩子，上帝会保佑我们的，而福贵一家却好似被上帝抛弃了。命运总是在和他们开玩笑，一个本该在跑道上驰骋飞扬的善良的孩子因给他人输血而失去了生命，一个温柔贤惠任劳任怨的富家小姐因营养不良导致的疾病去世，一个懂事乖巧的孩子因孕育新生命而离开世界……他们在艰难的人生里奋力前进，可每当他们感觉在黑暗中看到了光的时候，命运又再一次将他们打入深渊。他们不得不再次收拾好包裹，整理好心情，一步一步地往前走。

在他们一个一个都纷纷离去后，福贵没有歇斯底里，更没有像肥皂剧里的主角一样质问世界，为何如此对待平凡的自己。他只是想着：往后的日子只能自己一个人过了，想着自己日子也不长了，轮到自己死时，安安心心死就是。他在床底下压了十块钱，留给收尸的人，说不会让他们白白给自己收尸。小时候我曾听别人说过，悲伤到极致的时候是流不出眼泪的，因为已经没有力气再去哭了。我想，此时的福贵便是这样的吧。可即便是这样，他也未曾选择放弃自己的生命，依旧在这残破不堪的人生中挣扎前进。

这个故事就像一场倾盆大雨向我袭来。我看着它从天空中倾盆而下，感觉它已经浸透了我的身体和血液，带来的是深深的刺骨感和无尽的悲凉。我不知道福贵是如何在这些悲伤中行走的，我也想象不到福贵是如何抬起双脚，一步一步向前走的。我只知道这些故事对于我来说，甚至对于身处幸福社会的许多人，都是无法想象的，更是无法释怀的。

我无法像福贵一样，埋葬孩子的同时还要担心被家珍知道，以免让重病的家珍再伤心；更无法大度地原谅间接害死有庆的春生，即便他是我曾经在军队里一起拼命活下去的伙伴；但我最不能忍受的是那一次又一次的死别和那最后只留一人的孤寂与悲凉。可如今的我们，尚不曾体会过这种痛彻心扉，就已不肯好好活下去。

余华说，这部作品的题目叫“活着”。作为一个词语，“活着”在我们中国的语言里充满了力量，它的力量不是来自喊叫，也不是来自进攻，而是忍受，去忍受生命赋予我们的责任，去忍受现实给予我们的幸福和苦难、无聊和平庸。我相信，《活着》还讲述了眼泪的宽广和丰富；讲述了绝望的不存在；讲述了人是为了活着本身而活着的，而不是为了活着之外的任何事物而活着……

是的啊，活着便代表了希望，无论曾经经历过什么，它毫无例外都会随着落叶一起被埋进泥土里，心里的悲伤也会随着时间的消逝而慢慢归于平静，所受过的伤也会被时间一点点抚平，最后留下的不过是那些苍白的回忆。也许许久过后，我们也终会明白，曾经的那些刻骨铭心的幸福，快乐或是悲伤与绝望，都会在时光中消逝，只要活着。多年后的我们只会记得当时的我们是如何开心或是辛苦，却不会再记得那时是一种什么样的感觉，一切都感觉不再重要，重要的是经历过那些的我们，依旧坚强地活了下来。我们忍受了所有的悲伤、遗憾、开心，在这些忍耐中坚强，在坚强中寻找新的幸福，开始新的人生，如此循环，坚强着，努力着，只为了活着。

我不觉得我们会经历福贵所经历的一切悲伤，但我们应该像福贵一般，即使只是一个人、一头牛，再与一棵树相伴，依旧选择活着，不执着于过往，也不惧将来，不惧死亡。太阳升起又落下，只要我们活着。我们所经历的种种也终将会随着太阳一起落下，随着时间一起远去，我们终将淡忘那些匆匆的时光，然后迎接新的黎明。他们说，命运从福贵的生命里夺走了许多，却夺不走他活着的意志。未被命运为难的我们，又凭什么失去自己活着的意志呢。我想，作者所想要告诉我们的，便是如此吧，无论如何，我们都该坚强地活着，不是为了别的而活着，只是为了活着本身而活着。

崔启亮

【作者小传】

崔启亮，名字寓意着最亮的启明星，20 岁，就读于西南交通大学资源勘查工程专业。如果你看到一个很瘦的小眼睛男生，那基本就是我了。我来自甘肃，家里有四口人。我是典型的三分钟热度，时而胸怀大志，时而忧国忧民，奈何都抵不过骨子中的那份懒惰。我喜欢乒乓球也喜欢电影，喜欢安静也喜欢生活。我是一名伪吃货，什么都想吃但什么都吃不多。我也是一个伪文艺者，时而感性时而冷漠。身为一名天蝎男，我很想知道，这样的我你是否感兴趣呢？

《2018》读后感

《2018》这本书其实是我的一个室友开学就带过来的，我关注了很久，但直到大二才翻开它。封面简约却又不失大气，2018 四个数字排列其上，还没有翻开，一股科幻的气息就已经扑面而来。《2018》这本书是刘慈欣的一本小说合集，包括《2018 年》《赡养人类》等十三篇短篇小说在内。我最先知道刘慈欣是通过《三体》的“大火”，作为一个不合格的伪书虫，我并没有去看《三体》，因此，《2018》可以说是我认识刘慈欣的第一本书。

《2018》，刘慈欣著，江苏文艺出版社

在科技发展日新月异的今天，每一分每一秒世界都在经历着巨大的改变。我印象最深刻的可以说是美剧了，漫威宇宙就像是一双推开我想象力大门的手。我们总是幻想着克隆、变异之类的魔幻剧情发生在我们身上，刘慈欣也是如此。但不同的是，他比我们多了一种深深的忧虑，一种我们可以从每篇小说上或多或少都能感受到的忧虑。《2018 年》就是这样。

文章以日记的格式开头，“2018 年 4 月 1 日　晴”。没错，这就是发生在 2018 年的事情，这个 2018 年自然不是我们现在生活的这个年代，而是作者想象的未来，人类研究出了一项名叫“基因改造延长生命技术”的技术，可以通过去除人类基因中产生衰老的片段，将人类的寿命延长至三百岁。当然，这不是每个人都有的权利，我们其实也可以理解，像这种东西普遍都是有钱人的特权，至少在刚出来的那段时间。于是人们分成了两派，一派是可以做手术的有钱人，一派是无权无势无钱的反基延组织。这些普通人反对基延的理由很简单，就是嫉妒，倘若真的把人们按照能否活到三百岁分成了两类，势必会产生歧视。人心是最不可揣摩的，没有人愿意看着别人比自己多活那么久。有了诱惑，自然会有欲望，而欲望往往是导致犯罪的直接原因。主角通过挪用公司资金打算去获得长寿，而代价是最多判二十年。或许一般的主角在经过一番挣扎和纠结之后会良心发现，正义战胜邪恶，放弃犯罪，但是这篇故事的结局其实是在我意料之中的，是的，他做了，作为“第一批真正触摸永恒的人”上路了。这本书我看了不止一遍，从刘慈欣很多其他小说都可以感觉得到，他笔下的人物会理所应当地做出一些甚至是违背传统价值的选择。这是一种理性到冰冷的视角所观察、所剖析到的人心。阅读刘慈欣的文章，我们不会沉浸于类似其他一些作者所构造的美好世界，刘慈欣所呈现的，是一种冷峻美和批判感。

《2018 年》描述的这种情况，让我想起了前段时间刷爆朋友圈的基因编辑婴儿，据说这种婴儿天生免疫艾滋病。人类开始接触基因的时间也不短了，我相信是可以做到这样的事情的，但是我们不接受这样的事情，因为人体实验是我们所不能容忍的，是违反伦理道德的。更何况倘若真的发生了，没有人知道他们的后代是否会免疫艾滋病。这种种都是不得不让我们忧虑的问题。科技的发展是创造还是毁灭，没人预测得到。

历史的车轮以一种不可撼动的姿态缓缓滚动着。而《白垩纪往事》说的就是这样两个种族相互帮助、共同演变的过程。

大概所有的故事情节开始得都是那么巧合却又貌似合理吧。六千五百万年前白垩纪晚期普通的一天，霸王龙吃肉牙缝里塞了肉，同时蚂蚁种族已经挨饿两天了。顺理成章地，蚂蚁们发现了难受的霸王龙牙缝里的肉。它们忙碌着，很快就帮霸王龙把牙缝剔得干干净净。于是蚂蚁吃饱了，霸王龙舒服了，它们相互依存。五万年过去了，它们跨入了信息时代，恐龙头脑发达，却四肢笨拙，蚂蚁胜任着一切精细的操作，包括医学等。在这样一个高度发达的社会里，恐龙内部分裂，战乱不断，环境污染日益严重。蚂蚁抱怨环境被破坏，恐龙则忌惮蚂蚁所擅长的精细操作。他们都渴望独立，最终走向了毁灭。其实细细想来，恐龙内部的分裂就好比人类的写照。恐龙内部战争不断，领土扩张漫无止境，与我们人类何其相似。恐龙的文明以核武器为瓶颈，相互制约，也是我们现在的处境。不同的是，恐龙们发现了破坏力更大的反物质，在欲望和好奇心的驱使下，费尽心思却发现无法掌控，最终在所谓的“负计时”中被毁灭。这会不会是我们人类未来的结局呢？我们在不断地索取着地球的资源，却忽视了日益恶化的环境。我甚至可以联想到，人类从未停止过对外星人和外星文明的探寻，我们好奇着这个宇宙会不会存在和我们一样的智慧生命体，甚至是否会存在更高等级的文明。但是我们需要斟酌：过度的好奇是否真的有必要？记得我曾经看过一个很有意思的观点，倘若宇宙真的存在更高等级的生命体，他们的文明程度一定会超过我们人类，那么他们一定会在我们找到他们之前找到我们，到时候没有人知道他们是会友好地交流还是会大举入侵掠夺资源，甚至是奴役人类，而我们至今都没有见过外星人，那是否又可以说明宇宙中并不存在外星人呢？

刘慈欣的小说总是有一种恢宏浩大的气势和大局观，一篇小说，往往会让我们产生一种经历了几个世纪那么漫长的感觉。这种时间维度上的特色也是最吸引我的地方，而《超新星纪元》就是一个很好的例子。一颗被星际尘埃所遮挡的巨大超新星爆发，给人们带来了一场毁灭性的灾难——所有十三岁以上的人类很快都将死去。于是大人们设计了一场管理国家的游戏，从中选拔出了几十个孩子来领导以后的国家。大人们拼命把自己毕生掌握的知识与经验教给这些只有十来岁的孩子。终于，时间到了，全世界的大人们死亡了，孩子们在经历了极致的孤独后开始了各自的工作。我手中的这本书到此就结束了，但是我在网上搜索的时候，发现后面还有一些孩子治理国家的过程。相信很多人小时候都做过梦，梦到一直陪伴着自己的父母不见了，自己无助又孤独地站在黑暗中。这种压抑的孤独感，想必就是大人们全部死亡、孩子们一觉醒来发现所有的一切都只能靠自己的那一刻的感觉吧。

“孩子视角”是我从来没有想到过的，在刘慈欣的笔下，我们随着孩子的视角一路前进，时而又以上帝视角俯瞰。我们很容易感同身受，但也正因为我们不再是小孩子，所感受到的东西远远比那些小孩子要沉重。科幻小说的迷人魅力正在于此，它为我们推开了一扇从未见过的大门，我们的思绪可以在那片时空肆意遨游，但同时，将科幻与实际联系，由个体上升到族群，正是如刘慈欣这般人物的别出心裁。世界的改变往往起源于一个个“面壁”沉思的人。我推荐大家去读《2018》这本书，也希望可以引起大家的深思，这个浮躁的世界需要一些静心思考的人。

曾 琪

【作者小传】

曾琪，女，西南交通大学公共管理与政法学院公共管理专业 2017 级硕士研究生。1994 年出生于“夜发清溪向三峡，思君不见下渝州”的渝中半岛。2013 年背井离乡，来到“青冥倚天开，彩错疑画出”的峨眉山脚，在峨眉校区进行本科学习。2017 年至今，身处“晓看红湿处，花重锦官城”的成都，在学术研究的征途中潜心修炼、砥砺前行。也怀揣古今读书人“为天地立心,为生民立命，为往圣继绝学，为万世开太平”的治世抱负，也坚守“既然选择了远方，便只管风雨兼程”的生活哲学。心羡“宠辱不惊，看庭前花开花落；去留无意，望天空云卷云舒”。生固欣然，只愿“死而无憾，不流俗，不盲从，不负此生”。

爱恨嗔痴皆已逝，千载谁堪伯仲间？

——读《诗经》有感

翻开一本蕴含着古人爱恨嗔痴贪恋狂的《诗经》，墨香墨离，辗转千年来到遥远的国度，灵魂游走。当铁甲金戟融透在时间的沙漏里，当晨钟暮鼓消逝在岁月的长河里，《诗经》如一位遗世独立的仙人，将千年前的世间百态向我们娓娓道来……

爱：《蒹葭》

没有“山无陵，江水为竭，冬雷阵阵，夏雨雪，天地合，乃敢与君绝”的山盟海誓，没有“天长地久有时尽，此恨绵绵无绝期”的亘古永恒，只有“衣带渐宽终不悔，为伊消得人憔悴”般怅然若失而又热烈企慕的心境。不知在水一方的伊人，会不会回眸一笑百媚生，从此，便没有失之毫厘、谬以千里的追悔莫及，便没有“日日思君不见君，共饮长江水”的天各一方，便没有“山有

《诗经》，〔宋〕朱熹集传，上海古籍出版社

木兮木有枝，心悦君兮君不知”的涕泪沾襟。

恨：《燕燕》

“多情自古伤离别，更那堪冷落清秋节。”伴着“燕燕于飞，差池其羽”，伴着阵阵微风、纷纷细雨，轻轻地，她走了，不带走一片云彩。这本该是个快乐的日子，是妹妹出嫁的日子。但国君却怎么也高兴不起来，唯有轻叹“当时只道是寻常”。马声蹄蹄，吾心悠悠，燕燕于飞之景如此秀丽，而我却不能把它包起来送给你，唯有浅浅吟着《燕燕》目送你远去。烟花易冷，人事易分，既然分别不可避免，时下唯有将情义寄予这些燕儿，让相思飘过这春日悲冬景的终点，让深情拂过这提起变断肠的日子。悔吗？痛吗？恨吗？瞻望弗及，泣涕如雨……

嗔：《氓》

“曾经沧海难为水，除却巫山不是云。”曾经他也曾“执我之手，敛我半世癫狂；吻我之眸，遮我半世流离”，如今他却弃我而去，留我一世独殇。那许下的誓言，不过繁华一场高轩过。昔日点滴，鲜明反差印于脑海，呼之即来，挥之不去。以前在汝“尔卜尔筮，体无咎言”的谎言中沉醉不知归路，醒来时却是白云苍狗，沧海桑田，物是人非，往事不可追。“等闲变却故人心，却道故人心易变”，如今故人心意已变，人生又岂能如初见？

痴：《葛生》

提到悼亡，最先想到的无疑是苏子和他那如怨如慕、如泣如诉的《江城子》。而葛生中“夏之日，冬之夜。百年之后，归于其居”的生死相许，却是比“十年生死两茫茫”更撼人心魄的，它多了份“问世间情为何物，直教人生死相许”的细水长流，添了些“安得与君相决绝，直教生死作相思”的缠绵悱恻。然则，向来缘浅，奈何情深？蓦然回首，人去楼空，咫尺天涯，情郎匆忙的来去，宛如女子素白世界中一株绽放的红梅，在空白的画布上，浓墨重彩一抹明艳之后，悠然转身，毅然离去……

贪：《山有枢》

《好了歌》一语道破了天机：“世人都晓神仙好，惟有功名忘不了！古今将相在何方？荒冢一堆草没了。”人生苦短，王侯将相、达官显贵们或“笙歌归院落”，或“灯火下楼台”，纵情歌舞，在觥筹交错的宴会中，在声色犬马的消遣中，哪管生灵涂炭。细看“贪”字：今日的火树银花在光华褪去后，不过是金贝堆砌出的表层浮华罢了！

恋：《殷其雷》

“梳洗罢，独倚望江楼。过尽千帆皆不是，斜晖脉脉水悠悠”，“我打江南走过，那等在季节里的容颜如莲花般的开落”等，是对心上人的恋。雷声隆隆，如妻子不太平静的心，不知道在异地的他是否也会承受着同样的风雨交加？一曳花，从含苞到凋谢只是刹那芳华，从吐绿到叶落亦不过倾城一夏。纵是如花美眷，亦敌不过似水流年。面对着这漫无边际的等，她呢？内心不觉多了份莫名的感动和忧伤，好一个痴情的人儿！

狂：《子衿》

只因那青青子衿，牵动了她那悠悠之心，从此在她心里便多了一个儒雅的男子，俨然浮在她的眼前，她便要诉说她的“人生自是有情痴”。纵她痴若癫狂，韶华倾负，却仍换不来一次门前翩然玉立。纵她与子成说，又有何用，亦换不来一句执手偕老。男子的音信全无，男子的若即若离，无一不在拨动她的心弦。“一日不见，如三月兮”，这思念，是爱，是痴，更是狂。女子独有的埋在心里的狂。

再读《诗经》，再一次为千年前那份纯真与质朴所动。它的爱是“溯洄从之，道阻且长”般的执着；它的恨是“瞻望弗及，伫立以泣”的无奈；它的嗔是“反是不思，亦已焉哉”的决断；它的痴是“百岁之后，归于其居”的无悔；它的贪是“且以喜乐，惬意永日”的放诞；它的恋是“振振君子，归哉归哉”呼唤；它的狂是“但为君故，沉吟至今”的痴恋。其中的情愫让人或钦羡或扼腕，但我总在这爱恨嗔痴贪恋狂中，品味着酸甜苦辣，观赏着世间百态：这或许是邂逅江南女子独有的的端庄，或许是久居阁楼的女子对征人的相思，或许是伉俪间许下的地老天荒，或许是留别离人忘却日后的天各一方，或许是悼亡逝者祭奠死去的爱情，或许是讽谏王侯宾客如云的排场，或许是哀叹白驹过隙的岁月。千年的风雨淡退了琉璃繁华，而我只愿读取白云苍狗中的错错对对、恩恩怨怨，看尽他们或如夏花般绚烂或如秋叶般静美的人生旅途。尽管这终不过风过无声，水过无痕；终究成为歌者的一点痴念而已。但也唯有它，能超越其他任何一种精神食粮，做到此时无声胜有声，任我沉醉不知归路。

霍睿哲

【作者小传】

霍睿哲，西南交通大学交通运输与物流学院大一学生。来自神都洛阳，孔子问礼于此，老子自此出关，释学落足于此，理学兴盛于此。因此我自然对古代圣人哲人多出一分好奇与亲近，他们的部分思想至今仍有指导意义，并且他们钻研学问、践行自己道路的精神也很值得我们学习，所以我在读了鲍鹏山先生的《寂寞圣哲》后有感而发，写了这篇文章，希望借此加深我对先秦诸子百家的理解，深化对他们精神的认识。

《寂寞圣哲》读后感

本书名为《寂寞圣哲》，着实是很有神秘感的。圣哲为何寂寞，寂寞又如何影响圣人们形成他们各具特点的哲学呢？这是一本从不同视角向读者介绍先秦诸子的书。通过这本书，我们看到的是作者对先秦各位圣哲的立体感知，作者的描述既不失满腔热情，赞美他们在历史背景下的伟大，又满是如白描画般细细勾勒的细腻感，体现他们在各种情境下对个人、群体、社会乃至世界的思考。

《寂寞圣哲》，鲍鹏山著，东方出版中心

寂寞，也许是偶然的心境，也许是无人理解时略显落寞的心态。然而圣哲们的寂寞耐人寻味：他们是因自己的思想而寂寞，可他们也因自己的思想而充足。他们的渴求与向往带他们走上寂寞之旅，在漫漫人生路上寻求着自己所追求的哲学世界。“没有道德感的人是没有道德痛苦的，没有良好的文化熏陶的人往往也就没有文化负担。当然，受过文化熏陶的人中也有不少人更没有文化负担。”

他们有这种负担，像牢牢的人生枷锁一般。

老子背负着看透历史的痛。“在我走进血红的夕阳之前，我留下这五千言的零乱箴言，在世纪的废墟中如散落的弹子，愿你们仔细收捡。当一切都已堕落，一切都已不可为，你们还可以玩弹子。”老子是史学家，也是哲学家，他从过往的史书中总结出了规律：人们总是在人性倒退的路上前进，这将是一个颠倒的世界。在这颠倒的世界里，看透的他是孤独的，而孤独的他负担的是历史的痛楚。他发现，无论是过去、现在还是将来很长一段时间，人们总会一次又一次地重复类似的错误，欺骗、战乱、压迫似乎永远无法从这片土地上剥离，而既得利益者却都还乐此不疲。于是他走了，似乎是脱离了世俗，又似乎是去经历更多的世事。《道德经》则成为他留给后人最后的精神寄托。

孔子背负着救世的责任感。“孔子正是这样的一位痴人。痴人往往缺乏现实感。他的精神就常常脱逸出现实的背景，沉浸在过去的辉煌中，追寻着万物逝去的方向。是的，他一生都在追寻，他周游列国，颠颠簸簸，既是在找人，找一个能实施他主张的人，更是在找过去的影子，找东周昔日的文明昌盛。”孔子也如老子一般，看到了春秋时代逐渐败坏的秩序，失去秩序约束的有权者会对社会造成怎样的伤害他也是一清二楚的，他也陶醉于西周过往的繁荣，所以他渴望重建秩序，重新让人们回归井然有序的生活。而他的出生地——周文化昌盛之地鲁国和来自父系的贵族教育使他坚信，拯救的方法就是重新构建周王朝时的礼乐制度，让崩坏退回原点，就能重整秩序。于是他孜孜不倦地教育学生、不辞辛劳地周游各国，为的就是让世间再度充满着优雅的礼乐声。从历史的角度来看，我们都知道，周王朝以及其礼乐制度的崩溃是不可避免的，纵使伟大如孔子，也只是让其苟延残喘了一阵，分封制的淘汰是时代的选择。即使如此，孔子仍“强为周作柱，力求维持”。十四年间，他驾着马车，先后周游七个诸侯国，像是黑暗王国里的残烛，愿意将自己的最后一点光亮奉献出来。可是他找不到一个接受他思想的“明君”。火光最后跳跃了几下，融入黑暗，他孤独地去了。

墨子背负着变革的使命感。若说儒家思想是对当时的正统思想礼乐制和对统治者周天子的维护，那么墨子的政治倾向可以说与之完全相反。司马迁的《史记》中记载墨子曾为孔门之徒，只是后来理念不合而另创学说。这一点可以从儒墨两学的共通之处看出：两种学说都很重视对个人修养的培养，尊重并乐于传播知识，积极建议亲近有才之士，等等。可在一些宏观的方向上，二者却出现了分歧：儒学讲“亲亲”，墨学讲“兼爱”；前者仍注重等级的划分，而后者则开始传播平等的概念。从对春秋时期战争的评价，我们可以清晰地看出这种差异：孔子认为春秋时的战争是政治问题，因为“君君”理论，战争反动权在周天子手上，因此诸侯间的战争是颠倒政治秩序的，是不义的；而墨子则认为发动战争本身就是不义的，无论是诸侯还是周天子，因此，进行战争行为的周同样也是不义的，是应被摒弃的。基于这样的思考，在春秋这个周王朝尚留余威的时候，墨子公然反对礼乐制度和贵族政治，以思想为剑，刺向周王朝，这是何等的勇气与担当！直至一百多年后的战国，才有第二个敢于打出反周旗号的秦，可见这百年间墨子是何等的寂寞。所以，墨子是敢于向帝国挑战的一代剑客，是游侠之首。

圣哲们正因为有了这样的文化负担而更加寂寞，而因为寂寞，他们身上的负担也就更重一些。可他们并不因此忧愁，甚至可以说，他们其实都在追寻幸福。这样的幸福来自常人之上的眼界和他们致毕生精力于其中的文化底蕴。他们深古久远的哀叹，是自身价值的富足。他们有这样的负担，也就有了传承他们思想的行行箴言。圣哲们的负担是一种美丽的负担。

文化负担，也就需要负担寂寞。学会负担寂寞，是对自己的一种切身感悟，是静下心来倾听自己的思想，是在自己的世界中规划自己的蓝图。

圣哲们自然是寂寞的。如果不是寂寞，老子怎会出关而去，一去杳然；孔子又怎会在长年累月的游历讲学中奔波；墨子怎会披墨衣率领弟子在大地奔走；庄子怎会甘于做泥潭中摆尾的乌龟；孟子又怎会养出千年不朽的浩然气……寂寞，他们却甘之如饴。没有寂寞，怎会有他们世纪性的哀叹。没有寂寞，他们怎会传下给千秋万代的警示？

当数千年后的我们脑海中想象他们的形象时，出现的是一位位极具风骨的翩然智者：老子、孔子、墨子、孟子、韩非子……他们每个人都在用自己的勤奋吸纳总结信息，用信息归纳概括结论，用结论复合构架思想，用思想贴合描述世界。在探索理解世界的道路上，他们每个人都走出了不同的路。同时，他们也是路上的先行者与探索者。他们负重前行，遵从内心的指引，在四周的荒芜的陪伴下，向着不知何处的远方踉跄前行，默默地为后来者踩出一条康庄大道，不断拓宽着中华文化的宽度与广度。他们在思想领域中构建自己的“存在”，在学说中寻找着梦想的世界。因此，他们每个人在路上都是寂寞的。但是，投入的寂寞越深，那种自内心翻涌、由思想碰撞产生的大彻大悟也就积蓄得越深。他们负担着寂寞，沉浸于寂寞，但也自得于寂寞。

高浥烜

【作者小传】

高浥烜，西南交通大学人文学院中国语言文学专业研究生。性格沉静内敛，喜欢阅读、电影和旅行，热爱古典文学，尤好东坡诗文，“幸得诗书销白日”，常有诗书相伴，也是人生一大快事！

古典诗歌的另一种解读

——读葛兆光《汉字的魔方》

翻开西南交通大学《经典阅读推荐书目》（2019 版），看到葛兆光先生的《中国思想史》被收录在内。这套思想史可称得上是当代史学的经典之作，自问世以来，已多次再版，是一部全新的中国思想史权威著作。此书也可算是文史学专业研究者和文史爱好者必读的经典作品。由书及人，看罢此书，抛开内容不讲，我对此书的作者葛兆光先生钦佩不已，便去寻了他所写的其他书籍来读。其中一部小书令我印象深刻，受益匪浅，此书便是《汉字的魔方：中国古典诗歌语言学札记》。

《汉字的魔方：中国古典诗歌语言学札记》，葛兆光著，复旦大学出版社

此书最初于 1990 年在香港出版，至今已是第四次再版了，我所读的即是由复旦大学出版社 2016 年 5 月出的最新版本。相较于之前的版本，这一版在内容上略作了修订，还增加了一篇书评作为附录，但总体上没有多大改动。初读此书时，看到书名中出现了“语言学”

三个字，就猜想这不是我熟悉且感兴趣的领域，担忧读起来会不会艰深难懂。仔细一读，才发现完全不是，它实际就是一部从诗歌语言角度出发，去理解和鉴赏中国古典诗歌的诗论著作。全书一共有八章，书前和书后有作者的序、跋，书末还有一篇名为《语言学批评的前景与困境》的附录。前七章分别从背景与意义、语言与印象、意脉与语序、格律、典故、虚字、诗眼来探讨如何去鉴赏和分析古典诗歌，以及需要注意的很多问题。最后一章则是从诗歌语言演变的角度来研究从宋诗到白话诗的发展变化情况。由于篇幅所限，以下仅就我对此书印象最深或受益较大的章节内容来阐发感受。

首先是第一章“背景与意义”，在这一章里，葛兆光先生对中国古典诗歌研究的传统方法之一“背景批评”（或称“背景分析”）进行了反省和思考。想想，我们在阅读一首诗、研究一个诗人或描述一代诗史时，似乎都常常会想到“背景”，即这首诗是什么情况下写出来的，诗人生活在什么样的环境里，与诗史平行的是怎样的时代，等等。“背景”成了既定的思路，使大多数人在评论诗歌时都毫不犹豫地拈来使用，而鲜有人对其提出质疑。事实上，诗歌研究的任何一种方法都有利有弊，没有一种方法或见解适用于所有诗歌。我们所常用的“背景分析”也不例外，这其实也反映了汉代董仲舒所提出的“诗无达诂”的难题。因此，尽管背景，尤其是精准而非笼统的背景介绍对于阐述诗歌意义是必要且有参考价值的，但它也不是一把万能钥匙。这是因为诗歌的意义是由诗歌本身的语言文本提供的，我们不应该夸大背景，甚至用其替代读者对诗歌的理解和感悟。就我的读书经历来看，葛先生对诗歌研究中“背景批评”相关问题的反思是很多人都没有论述过的，在我看来，这种思考辩证且深刻，发人深省。

其次是第五章“论典故”。典故是诗文等作品中引用的古代故事和有来历出处的词语，在中国古典文学作品中，诗歌和骈文（也称四六文）是最常使用到典故的文学体裁。在我个人看来，诗歌用典是一个极有意思且值得探讨的话题。举一个李商隐的趣事，元代辛文房《唐才子传》载：“商隐工诗，为文瑰迈奇古，辞隐事难……每属缀，多检阅书册，左右鳞次，号‘獭祭鱼’。”李商隐在诗文创作中喜用典故，常常要检阅许多书来搜寻，而这些书就被整齐有序地摆放在左右，就好像水獭摆放鱼的样子，所以就被人送了个“獭祭鱼”的外号。诗歌的好与不好并不取决于用不用典，但又不可否认，在诗中用典，“能使诗歌在简练的形式中包容丰富的、多层次的内涵，而且使诗歌显得精致、富赡而含蓄”。所以，葛先生将其看作一个“二律背反”式的命题。然而，最让我惊艳的是葛先生将读者发现和理解典故的过程比作是“密码破译”的过程，这个比喻太贴切了！他的观点是“典故作为一种艺术符号，它的通畅与晦涩、平易与艰深，仅仅取决于作者与读者的文化对应关系”。我觉得这一点说得很有道理，因为中国古典诗词中的典故主要是来自古代的典籍，大多数情况下，读者能否发现和读懂作者在诗中使用的典故，取决于他们有没有看过典故所在的书籍、对典故的出处熟不熟悉，等等，即他们与作者的文化对应关系是同或异。比如，我们读黄庭坚的诗，对一些博览群书的读者来说，基本能够理解其诗歌的意义；而在另一些读者看来，则可能会批评他用典过多，让人如同看天书，不知所云。实际上，也许只是这些读者自己读书太少而已，换言之，这取决于读者自身的文化积淀情况。

在我们传统的文学观中，典故使用的多少并非是用典成功的判断标准，而使用得是否生动贴切、是否准确地表达出作者的思想感情才是判定用典成功与否的准则，事实上，如果诗中一味地堆砌典故，反而会招致许多批评。葛先生认为由于用典方式、技巧等的不同，会产生迥然不同的效果。“借喻”是一种低层次的用典，即用一个新鲜的词汇来替代原本想要表达的意思，如用“桂华”替代“月”，“红雨”替代“桃”等，虽换了面孔，但其意义完全相同，内涵和外延都没有变化。那么，什么才能算是高层次或说成功的用典呢？书里给出了三项标准：字面有一定的视觉美感，如“孤鸾舞镜”“秋风鲈脍”等；故事有一定的情感色彩，如“苏门长啸”的孤高旷愤，“对床夜语”的闲适怡乐等；最好是典故中包含了古往今来人类共同关心与忧虑的“原型”，如生命、爱情、人与自然等，因为它们才最具有震撼人们内心最深处的力量，才能使古人的故事与我们的故事交融在一起，从而引发强烈的共鸣。

最后，谈一下此书的独特价值。人们对中国古典诗歌的解读常带有印象主义的传统，即经常把印象与感受当作诗歌分析和解释的唯一途径。这些印象式的感受对普通读者的理解会造成坏的影响，拿作者的话来说，就是不能“提供给阅读者理解、分析和欣赏的‘底线’和‘基础’”。葛先生怕这种传统和习惯会害得读者沾染上信口胡言、凭空瞎想的坏毛病，于是，他希望能够“从诗歌语言形式出发建立一个新的诗歌阅读规范”，即从诗歌语言的角度来重新解读古典诗歌，以弥补传统诗歌解读方法的不足。这使得此书成为古典文学研究界最早采用语言的眼光看待古典诗歌的著作之一。说实话，在读这本书之前，我对诗歌也常从这种主观印象式的途径去理解，也并没有对这一方式产生过质疑，直到读过此书，才发现自己曾经读诗，好像一直在“印象”和“感受”中转圈，而忽略了古典诗歌语言形式的美学意味。当然，这里也不是贬低某种传统，只是想传达，在任何领域我们都应该保持一种敢于质疑、突破和创新的精神。

综上，无论是从内容还是研究角度上，葛兆光先生的这本《汉字的魔方：中国古典诗歌语言学札记》都值得一读，当你细心品读时，定会被作者风趣幽默又机智活泼的语言所吸引，被信手拈来又无比贴切的中西方诗歌理论所折服。此外，这本小书对培养和提升诗歌审美能力有极大裨益，所以，热爱中国古典诗歌的朋友们，一定不能错过这样一部好书。

马雪坤

【作者小传】

马雪坤，马克思主义学院马克思主义理论专业2017级硕士研究生。平时喜欢阅读、看电影，书在我的生命中像一位老友，在我高兴、失落、气愤的时候总能陪伴在我身边，给我鼓舞与安慰。个人认为观念的水位是你认识世界的尺度，你的观念越深，看到的世界也就越广阔与深厚，而水位的提升来自不断的阅读与丰富的实践经验。因此，生活的意义不仅仅在于为适应生活而活，更在于为探索生活的意义而明白地活着。为了能够这样生活，我愿意一生不断阅读与实践。

孤独之旅

——读《百年孤独》有感

孤独是贯穿《百年孤独》这本书的红线，马尔克斯在书中写道："生命从来不曾离开过孤独而独立存在。无论是我们出生、我们成长、我们相爱还是我们成功失败，直到最后的最后，孤独犹如影子一样存在于生命一隅。"但马克思认为人是社会动物，是由各种社会关系组成的，由此人怎么可能孤独，况且还是百年的孤独。带着对"孤独"的疑问，我打开了这本书，也开始了我寻找孤独的旅程。

《百年孤独》，（哥伦比亚）加西亚·马尔克斯著，范晔译，海南出版社

孤独始于何塞·阿尔卡蒂奥·奥雷里亚诺创建马孔多，他带着同村的一些青年以及自己的妻子远离出生之地，途径了许多波折，最终在马孔多立足。那时的何塞·阿尔卡蒂奥·奥雷里亚诺还是一位雄心壮志的建设者，他精心规划着村庄的建设、订立村规、计划播种等。直到吉卜赛梅尔基亚德斯来到村庄，这位建设

者开始忽视村庄的发展，而一心投入到吉卜赛人带来的“发明”当中。他开始变得异常执着与疯狂，这个特质仿佛是这个家族独有的，在接下来的子孙当中显露无遗。而孤独是反复的和认生的，于是这个家族子孙的名字都从祖辈的名字当中来取，男孩不是叫阿尔卡蒂奥，就是叫奥雷里亚诺，而女孩子则是乌尔苏拉、阿玛兰妲或者蕾梅黛丝。孤独随着这个印记开始在这个家庭当中蔓延，最终就像梅尔基亚德斯留下的羊皮卷首页所预示的那样：“家族的第一个人被捆在树上，最后一个人正被蚂蚁吃掉。”随着最后一代奥雷里亚诺的死亡，这个家族的痕迹在马孔多彻底消失，像是被飓风抹去了痕迹，马孔多的人们不再记得这个被孤独追逐的家族。

合上这本书的时候，在感叹一个家族灭亡的同时，我开始思考孤独到底是什么。在加西亚·马尔克斯笔下，孤独是循环往复的，它伴随着一个人，甚至一个家族的始终。书中每一代子孙悲剧的发生，形态各异，但是最终都走向一个结局。孤独在这个意义上是历史虚无主义的衍生品，人在时间的潮流当中无力改变一切，只能接受悲剧一次又一次的发生。而书中少许的活力色彩来自乌尔苏拉，不管是第一代还是第六代，他们都是振兴家族的动力。在他们身上，我看到了坚毅与果敢，面对时间的洪流，他们不是坐以待毙，而是奋力搏击。正是他们为这个阴郁、孤独的家族带来了一抹亮色。正是从他们身上，我懂得了人在时间的推移下并不是无能为力的。人是具有主观能动性的，历史也并不是虚无的，历史是不断朝前发展的，人之所以会感到历史的虚无，一方面是因为人不充分发挥自我能动性，被动地等待着事物的发展；另一方面，人的一生是短暂的，无法理解与感受所有的历史。由此，人在面对生活的困境时，不应该悲观地对待，而应积极地应对。正是在马克思主义的指导下，中国共产党带领中国人民逐渐走上了正确的道路。面对革命当中的困难，中国共产党选择的不是退缩而是勇往直前，在长征途中面对皑皑雪山、滚滚河流，共产主义战士们发挥主观能动性克服了自然环境给他们的挑战。中华人民共和国成立后，面对物资极度匮乏的现状，中国共产党没有选择放弃独立自主的原则，一味依赖苏联，而是充分发挥自我能动性，实现了“两弹一星”的突破。改革开放时期，中国共产党带领中国人民走出了计划与市场对立的假命题，创造性地提出了社会主义市场经济，推动了中国的经济发展和人民生活水平的提高。如今，在新时代的背景下，习近平总书记更是提醒要警惕历史虚无主义，实事求是地看待和对待问题。由此，孤独并不是像马尔克斯描写的那样是历史虚无主义的副产品，人也不会在时间的维度中停滞不前，孤独虽然是组成人必不可少的一部分，可它并不主导人的一生，人的未来需要靠自己去拼搏与努力，需要学会与孤独相处。它可以是我们进行思考的最好的朋友，它可以是我们独自前行的最坚强的战友。孤独并不可怕，可怕的是在孤独面前无所作为。

在寻找孤独的旅途中，我也被这部巨作中的其他部分所吸引。作者不只为我们讲述了一个家族的故事，也为我们展现了当时拉丁美洲的一些状况。其中让我感触很深的是香蕉公司对马孔多的迫害。香蕉公司来之前的马孔多在平和的发展中欣欣向荣。而布朗先生将香蕉公司带来后，马孔多当地的环境被破坏，香蕉公司的员工受到极差的待遇，甚至在员工因为待遇而进行罢工时，香蕉公司更是利用马孔多民众不懂法律而欺骗他们，这是多么丑恶的嘴脸。这一幕幕不禁让我想起纪录片《大国崛起》中资本主义国家崛起的过程，原始资本的积累是血腥和无情的，它建立在弱者的血和肉之上。随着资本主义的不断发展，它不再仅仅满足于榨取国内的资源，而是把它的爪牙伸向了海外，海外殖民给发展中国家的人民几乎带来了灭顶之灾。有些人认为海外殖民推动了这些国家的发展，但是它的发展不是良性的发展，而是以牺牲当地的环境为代价的。资本主义国家带着财富满足的离开，留给这些发展中国家人民的是无法复原的伤痕。我想马尔克斯写这个也是为了痛斥资本主义国家对发展中国家人民的迫害。他们不管资本主义是否适合这些国家，强行把资本主义的政治、经济、文化等向这些国家输出，最后导致这些国家“水土不服”，不但没有走向繁荣，反而倒退。

在马尔克斯笔下，书中的每一个人物都是栩栩如生的：富有创造力的何塞·阿尔卡蒂奥·奥雷里亚诺、力大无穷的阿尔卡蒂奥、深沉冷静的奥雷里亚诺·布恩迪亚上校、充满活力的乌尔苏拉、善良美丽的蕾梅黛丝等。我在读的过程中仿佛就置身其中，感受着这个家族的命运。马尔克斯在其中增添的魔幻色彩，勾起了我的童趣，我好像在现场看到了书中会飞的毯子、大型冰展、马戏团表演等。他还告诉我人生百态，孤独却是每个人都必不可少的，青少年更是要学会如何与孤独相处，不要惧怕孤独；也要懂得人生道路漫漫，许多时候需要一个人前行，但不必害怕，因为孤独会带来力量；更要明白在遇到艰难险阻的时候，应该积极应对困难，坚强不息。他在书的结尾写道：“注定经受百年孤独的家族不会有第二次机会在大地上出现。”这好像是作者向读者们告别的一句话，从这里我感受到了作者的不舍与温情，他也许在告诉读者们孤独会随着这个家族的消亡而消失。他就像一个智者，他告诉我们孤独是如影随形的，在我们感受了孤独的所有滋味后，最后告诉我们“孤独”走了。其实，我们心里都明白孤独并没有离去，但是为马尔克斯的温暖所感动，他就像冬日的太阳一样温暖人心。

施庆洁

【作者小传】

施庆洁，来自公共管理与政法学院2017级法学3班，是一个喜欢看小说的女孩，在小说中感受人生百态，喜欢和朋友一起去旅游。

读《白鹿原》有感

高三时期，出于备战高考的目的，曾粗略地阅读过陈忠实的作品《白鹿原》，如水过鸭背。时隔两年之久，重拾这本经典之著，细细品味。

唐朝诗人白居易曾留下一首脍炙人口的《城东闲游》："宠辱忧欢不到情，任他朝市自营营。独寻秋景城东去，白鹿原头信马行。"白鹿原历史文化积淀深厚，是古代各少数民族杂居及与汉文化融合之地。而今天的《白鹿原》所描述的生活在时间跨度上由晚清至中华人民共和国成立约五十年间。这是中国发生天翻地覆的变革的五十年，如国共合作、农业讲习所的兴建、北伐等，然而作者并没有把目光放在全中国，而是放在了一个小小的村庄，从老百姓的视角去描述，真实而动情。故事情节跌宕起伏，描写浓墨重彩。

《白鹿原》，陈忠实著，人民文学出版社

白鹿原上翻云覆雨，王旗变幻，家仇国恨，交错缠结，冤冤相报，代代不已……作品始终笼罩着一层神秘主义色彩，故事中充斥着宿命论的桥段。每一个故事的开头都好似一个预言，每个人物都不自知地在他们各自宿命的框框中苦苦挣扎。生活卑微，生命如草芥的他们在今天恰恰成了现代生活失去了方向的人的榜样。即使他们最后仍无法逃脱悲剧，但他们至少活得真实。

小说开篇“白嘉轩后来引以为豪的是一生里娶过七房女人”。白嘉轩作为小说的一号主人公，俨然传统文化的代表，正直，但有时也迂腐。白嘉轩身上有许多有生命力的价值观：耕读持家，天道人伦。在改朝换代，风云变化之际，恪守祖辈教训，坚持白家的精神家园。作为地主的白嘉轩并不像我们想象中的那样“手持鞭子，凶神恶煞，尖酸刻薄”。对待长工鹿三，亲昵地称呼他“三哥”；让女儿白灵认她为干大。主仆同吃，未曾打骂，即使在饥荒时也未辞退鹿三。他是一个勤于耕作的农民，躬耕田野，服田力穑，即使后来被土匪打折腰杆子，“那挺直的如椽的腰杆儿佝偻下去，从尾骨那儿折成一个九十度的弯角”。他也未曾想过离开劳动，反而说“我想试火一下”。同时他也是有威望、受人爱戴的族长，镌刻《乡约》，以乡约的条文和戒律监督族人，以严厉的措施惩戒族人：干枣刺刷抽打赌鬼双手，把手插进滚水锅以戒赌瘾，让烟鬼服屎戒烟瘾。即使是儿子白孝文和田小娥勾搭被揭发后，依然族法伺候。以如今的目光来看，白嘉轩正直仁厚，但在那个风云变化的时代，白嘉轩属保守派，是封建礼教的守护者、传统纲常伦理的守护者。因此，他身上难免存在迷信、自私、压抑人性等弱点。

小说中给我印象最深的女性是田小娥。作品花费了大量的笔墨描写田小娥短暂而精彩的一生。她强烈的个性使她不同于仙草、白赵氏、鹿贺氏等传统女性。她是这个时代新型女性的代表。她的一生有过四个男人：郭举人、黑娃、鹿子霖、白孝文。她依靠男人追求自己的幸福，红杏出墙，冲破封建世俗的束缚，追逐自己的欲望。她的做法深受村民的指点和唾弃，最终被鹿三（黑娃的父亲）刺死。从黑娃带她来到白鹿原的那一刻起，我似乎就已经预料到她凄惨的命运。田小娥一生都在追逐自己的幸福，但从未收获过一份纯粹的爱情。郭举人年七十，娶她回家做小妾，被大老婆当丫鬟使，甚至规定每月逢十才可同房。更令人羞耻的是她是一个泡阴枣的工具。出于报复、仇恨，田小娥找上了黑娃，被郭举人扫地出门。后来黑娃把她带到了原上，她只想和黑娃过正常的日子，即使不能得到阿大（鹿三）的认同，不能进祠堂跪拜。但好景不长，黑娃受鹿兆鹏革命思想感染，参与了“农协”，轰轰烈烈，声势浩大地在白鹿原上搞起了风搅雪的暴动。然而革命低潮到来，黑娃抛下了田小娥，自己逃脱了。一个小小的女人如何能面对强大、凶狠的外界势力？鹿子霖利用她的心理哄骗了她，成了她新的依靠。然而鹿子霖不过贪图美色、一时快活罢了。她受过蹾刑，干枣刺刷抽打刑罚，她的撕叫引起的不是同情，而是更激烈的愤怒。实际上，田小娥在现代恐怕也是个让人难以忍受、人人喊打的形象，思想更加开放化的今天都不能容忍，更何况那个封建思想根深蒂固的时代，那个闭塞的村庄里。田小娥是传统女性过渡到新型女性的代表，敢于反抗，也一度做过农协的女性代表，敢于追求自己的欲望，挣脱封建礼教对女性的束缚，狠狠地挑战“存天理，灭人欲”的信条。然而在男权盛行的社会，终究还是逃不过男人的玩弄。封建礼教扼杀了她的天性，彻底地对她进行了围剿。相比于其他的女性，她的一生如烟花般绚烂，而不是一个麻木的生育工具、劳动工具。

我连续四天将这本厚厚的小说看完，每个人物都那么鲜活，有血有肉，似乎都在泥潭里、黑暗中苦苦挣扎。我能感受到他们的无奈、麻木、愤怒、对未来的期待……读完后心潮起伏，久久不能平静，甚至意犹未尽。整本书的架构十分恢宏，以小小的白鹿原为切面，掺杂着人性的贪婪、欲望……整本书笼罩着一股神秘的色彩，既引人入胜，又不可思议，甚至令人毛骨悚然。白鹿原的出现本身就神秘，“这原上出现过一只白色的鹿，白毛白腿白蹄，那鹿角更是晶莹剔透的白。白鹿跳跳蹦蹦，像跑着又像飘着从东原像西原跑去，倏忽之间就消失了……这就是白鹿原”。神秘的白鹿原上生活着一群神秘的人，白灵出生时百灵鸟的欢快的叫声，田小娥死后被焚烧时田间草丛里飞扑的蛾，鹿贺氏、仙草死亡前回光返照时所见的田小娥被杀的场景，朱先生去世时出现的白鹿，还有白狼、白狗的出现……这些自然而又神秘的景象让我们无法用科学去解释。这种神秘还体现在独特的民俗上，令人相信，冥冥之中，天道轮回，因果相连，预示着故事、人物的结局。

《白鹿原》是魔幻现实主义中国化的代表，与西方的《百年孤独》并行，故事发展跨越五十年的时间，是中国近代翻天覆地的五十年。国共合作，北伐战争，国民党对共产党的血腥残杀，抗日战争，内战，三年饥荒。政权更迭，民不聊生，底层百姓茫然无措。如此纷扰的时代背景，通过白鹿原上的村民的生活百态展示出来，人性的善良、丑恶展现得淋漓尽致，耐人寻味。以小小的村庄折射出时代的变迁、古老的中国，饱经风霜，岁月冷酷而无情，然而生活的轮子依然在前进。故事中每一个人的经历、人生都是一章精彩的诗篇。

邱　宁

【作者小传】

邱宁，四川乐山人，西南交通大学人文学院2016级研究生。一直以来怀着一种随遇而安的心态生活着，向往平凡但不甘于平凡的“佛系”女青年。对吃穿旅游都没有太大的兴趣，常被人调侃提前进入退休模式，唯有对文学还燃烧着浓厚的兴趣。喜欢遨游书海，品味百态人生，撰写读书心得，读书虽不似古人痴狂，蓬头垢面、废寝忘食，但经常也有手不释卷之时，希望自己一辈子都能生活在书香之中，伴书永久。

沧桑的轮回

——读《生死疲劳》有感

古语有云“未知生，焉知死”，若历经数次轮回，看尽人生百态，尝遍世间疾苦，是否会对人的生死有独到的见解呢？因为恨太烈，痛太深，生太苦，死太累，故一唱再三叹曰：生死疲劳！

《生死疲劳》，莫言著，作家出版社

《生死疲劳》算是莫言最具魔幻现实主义的作品，小说的主人翁是土地改革时被枪毙的一个地主西门闹。他认为自己一生俯仰不愧天地，因为地主的身份无辜毙命，所以在阴间不断叫冤，从而获得了转世的机会。在这个过程中，他为驴，为牛，为猪，为狗，为猴，为人，都未曾离开他的家乡和家族。小说正是通过他的眼睛，准确地说是动物的眼睛来观察和体味农村的变革。

主人翁西门闹一直在思索一个问题，无辜的自己为何要英年早逝，在阴间受尽各种酷刑，好不容易得到转世机会，却要被阎王设计堕入了畜生道，开始了一次次身不由己的轮回。西门闹被权力倾轧的经历，让其本人，也让读者唏嘘不已。那作者是否也在借此抒发自己的疑惑呢？曾经的窦娥可以凭借“六月飞雪，血溅三尺白绫”这种超自然的现象为自己鸣冤，而如今的西门闹在阎王那里冤屈也得不到伸张，这不禁让人背心一凉。如果说阴间也和阳世一样充斥着冤假错案，那么卑微的凡人又向何处去追求公道呢？世人忧患实多，想改变世界的，往往被世界所改变，只能像一个局外人似的，交出自己命运之舟的掌舵权，任凭那些位高权重的人随意操纵。在西门闹殒命与转世之间，一双看不见的手仓促地拨弄了命运之弦，弹奏了一曲轮回之歌。

昔日的大地主西门闹的第一次转世为驴，降生在他生前的长工蓝脸的家中，曾经山盟海誓过的爱妾已是别人的枕边人。世情巨变，物非人非，他恨迎春的背叛、“蓝脸”的“无耻”，鄙黄瞳的寡情、秋香的善变……人走茶凉后的愤懑与化身为驴的无奈，让西门驴充满戾气。这种戾气产生于身份的错位，即使身体是驴，他也清醒地认为自己就是西门闹，所以身心的错位令他痛苦。西门驴的痛苦只有在与韩驴相恋之后才得到缓解，此时的他只想与母驴相伴直至地老天荒。经历过与母驴的爱情后，明显可以感觉到西门驴的仇恨之火消下去不少，对驴的生活感到不可言说的满足。这也标志着西门闹的转变，他对自己的屈死再也没像过去那样在乎，对周围曾经看不惯的人也似乎理解了些，没那么尖锐暴戾了。因为他已经接受了自己“驴”的身份，完成了驴身驴心的合一，因而在被选为陈县长的御用之驴的时候，感到十分的自豪。这大概又意味着西门驴往驴的世界又靠近了一步，此时他抛却了想做头自由自在的野驴的梦想，心甘情愿地任人骑，人的灵魂已不再完整，西门闹逐渐被西门驴杀死。我不由得想起“逸豫可以亡身”的古语，人的确是一种易于懈怠和满足的物种，极其容易被眼前的“幸福”迷住而忘记自己本来的目标。这也许是人们总在迷茫中徘徊的原因。当然，当断腿的驴仍然拉动着沉重的货车向前走去的时候，驴的形象又是那样的高大，人顽强不屈的精神又体现得如此淋漓尽致，仿佛在经受巨大的不幸后，才能回归真实的自我。这让我想起《名人传》中的“唯有真实的苦难，才能驱除浪漫幻想的苦难；唯有克服苦难的壮烈的悲剧，才能帮助我们担受残酷的命运”。苦难就如一坛能荡尽人性污浊的圣水，带给人新的风貌。唯有在苦难之中，西门驴才能闪烁前世为人的光辉。

第二世西门闹转世为牛，在市场上被“蓝脸”买回。“蓝脸”选中他是因为牛的眼神像极了他念念不忘的驴。仿佛是注定好的，他又回到那个熟悉又陌生的地方，但此时“蓝脸”身份尴尬，成为全国唯一的单干户，西门牛则成为人所不齿的私有财产，他的亲生孩子西门金龙则成为革委员会的成员。西门父子之间的导火线已在特定时代背景下埋好，只等时机来引爆。西门牛最后是被金龙先鞭打至重伤然后火烧而亡的。这一出弑父戏码该怎么评价呢？在人类学意义上，弑父是个永恒的母题，西方学者更喜欢从心理层面或者习俗层面来探讨原因，而西门父子却不得不归因于社会矛盾的冲突、理念的转变。因为合作社在前期取得的成绩，牛所象征的落后的小农生产制度在当时的人看来的确是应该被取代的。但就西门牛而言，它承担的不只是肉体上的疼痛，更是精神上的痛楚。试想一个饱读诗书、以“三纲五常”为圭臬的地主，以一头牛的形象被自己的骨肉在众目睽睽下鞭打，这是怎样一种撕心裂肺的痛。但即使这样，西门牛却仍抖抖颤颤地站起，作为一头摆脱一切枷锁的高贵的牛，走向那全国唯一的私有田，再轰轰烈烈地倒下。读到此时，我被深深地震撼，这是一个多么不屈的灵魂，这又是多么令人心碎的悲剧啊？鲁迅曾说，“何为悲剧？悲剧就是把有价值的东西毁给人看”。金龙的无知冷血疯狂，西门牛的无助隐忍悲哀，冷酷与深爱，发疯的举动与静默地站立，解不开的血源羁绊，几世轮回不变的深情，挣扎站起的悲壮，轰然倒下的静默，超越生死，让人扼腕嗟叹。

他的第三世是头猪，降生在金龙的家中。他挤开所有的兄弟，独享母猪的奶，直至把母亲的奶水吸干。忽然觉得这仿佛一种变态的报复与发泄，上世的自己死在儿子的手上，或许这次他想放纵自己宣泄下当初那种无奈吧，让别人也尝尝被子女背叛折磨的痛楚。就如绊倒人的栅栏大多是之前被绊倒的人设置的，最深沉的痛苦大多是被有过受伤经历的人给予的。又或许此时的他身上的兽性早已盖过了人性，失去了为他人着想的本质。西门猪再也没去追查当年西门闹死的原因，或许时光真的能冲淡仇恨，抚平伤痕，又或许他以动物的视角看出其实当年那活着的人并不幸福，被那欲望的毒刺深深折磨着，明白当年的冤死也许是种解脱，宁做只不平凡的畜生，也不想成为招人是非的人；或许轮回了几次的他已将生死看淡，不再那么天真执着地追问为什么，试想若一个问题本身就有问题，那要答案来有什么用。西门猪活得洒脱精彩，仿佛想把做驴时的任人驱使、做牛时的隐忍悲恸全都发泄完。他智赢野猪刁小三，享尽艳福；他把人当宠物玩，冲出栅栏托小花过河；智斗群猪，成为猪王，活得何其潇洒快活。作者肯定很钟爱这个章节，在汪洋恣肆的文风中，一出出戏剧般的情景如此生动地展现在眼前。在作者浪漫无比的挥毫之中，我也真为西门猪那自由的生活拍掌叫好，为他终于可以一吐胸中抑郁之恶气而眉飞色舞！西门猪的一生与人为敌又救人性命，是非功过，容后人评说。想起那“无字碑”，在岁月的长河中今人又怎能管得住后人评论呢？不如坦然一点，看得淡些，无为本才是最高的境界，不刻意才最真实，西门猪行随心动，超然于世，真是浓墨重彩的一生！

他的第四世是条狗，生养在迎春家的狗窝。这条狗敏感睿智，忠诚勇敢，善解人意。他从庞抗美身上看透了官场的腐败，从金龙身上洞悉了改革开放中出现的问题，从“蓝脸”和春苗的忘年恋中看到了真爱的不易，从叛逆的西门欢和庞凤凰身上知晓了垮掉的一代是如何造就的。这条狗还看到了西门闹亲人和“仇人”的结局，从此与西门闹相关的人都消失在时间的风尘里，没人再会记得曾经那个冤死的地主，心中的块垒早已溶化在时间的水里，于是他坦然地躺进了“蓝脸”为他挖好的墓里，融进了那埋藏了他熟人的热土。从此，尘归尘，土归土，微风过后，再无痕。

他也没想到自己还有第五世，其实此时的他说心中的仇恨已没了，只是新任的阎王在他眼中仍发现仇恨的残渣还在蠢蠢欲动，并向他解释数次轮回只想灭了他的仇恨之火，或许此时的我们才明白阎王的“良苦用心”，放过别人，才能超脱自己，就如抓住别人的同时自己也被抓住，学会放手才能幸福。这种类似于心灵鸡汤的大道理，我觉得不是莫言这种水平的作家真正想表达的，但既然作者借由小说中的最高权位的阎王之口表达了，我姑且也就信了吧。西门猴随着落魄的庞凤凰在街上卖艺，见证了开放与凤凰的爱恋，看似美好的爱情背后却埋藏了苦涩的结局。因为开放和凤凰有同一个祖母，这注定了他们没有结果的结果。悲伤地开枪误杀了西门猴后，望着爱人的绝美的脸庞，相知却不能相拥的愤懑、相爱而不能相偎的悲哀、相许但不能相守的无奈蓦地冲上心头，最终，饮弹自尽……其实这也算种轮回报应吧。如果金龙没有造孽，他的后代也不至于活得那么苦。这算是对造孽者的报应还是对无辜者的戕害呢？

他的第六世终于投胎为人，诞生于 2000 年的世纪之交，仿佛又是一个故事的开始……

恨，是一种比爱更强烈的感情，因为爱是一种习惯，而恨则须不断地鞭策自己。西门闹的恨穿越了六道，终于随着仇人一个个离世而消磨殆尽。恨着别人的人也在被自己的仇恨所蚕食，就如希斯克利夫在憎恶恩肖家族和林顿家族的同时，自己的灵魂也在不断堕落。可见放下仇恨，才能得到救赎！

经过数次的轮回，经历数次的生死，历经半个世纪的魂魄流浪，终荡尽了心中所有的仇恨迷茫，只是世间的沧桑沉浮又何其多，每天冤死的亡魂又何其多，若真是要忘尽仇恨后才能为人，不知又有多少魂灵要经历这沧桑的轮回……

陈　炜

【作者小传】

陈炜，喜爱阅读、写作，文科与理科混合比例均匀的理科男生，爱幻想，喜欢通过不同方式创造属于自己的世界，希望生活节奏和自己的节拍刚好吻合。

幻 灭

——读《雪国》

“穿过县界长长的隧道，便是雪国。夜空下一片白茫茫。火车在信号所前停了下来。”

穿过狭长伸手不见五指的隧道，一片刺眼的白色袭入眼帘，岛村知道，这一定是到了雪国了。

上一次来是什么时候?

潜意识回答他，不记得了。

对啊，这样虚无而又百般无聊的人生，不如早点结束的好。岛村这样一路想着，一路注意到了旁边座席的姑娘，只是旁边的男人不知道是谁。

潜意识挟带着他的无趣，帮他猜着，估计是恋人，或者是丈夫、弟弟之类的。

哦，这样，那可没有多大的观赏性。岛村想着，头转向左侧的玻璃窗。

《雪国》，（日本）川端康成著，叶渭渠译，人民文学出版社

夕阳像一年前一样，血色依旧，岛村盯着它看了许久。叶子姑娘突然开了窗，向站长询问了她弟弟的工作情况，然后又依旧照料着身旁的男人。

叶子的声音勾起岛村心底即将消逝的感情，叶子没有想到自己的一个小动作竟然引来了花花公子的情绪。

岛村的设定，让我想到川端康成本人的身世——虚无主义，身世悲惨，似乎和太宰治那句“回首往昔，我的一生充斥着耻辱”有异曲同工之妙。二人在百度百科里留下的照片，眼神中不知透露出何种无奈与悲哀，抑或是对现实的不满，又有可能是对百般无奈的人生一种沉默的哀叹。1972 年川端康成终结了自己的生命，或许岛村的雪国，是川端康成先生的归宿。

再往温泉客栈走去，便是让岛村能够神魂颠倒的温柔乡，那里有一个艺伎叫作驹子。

她每次回到我的房间时，身上的酒味充斥着整个房间，有时她的脸却又如白雪般……岛村在雪中边走边想，然而思绪却像齿轮一般被错乱的一个小零件卡住。

你是不爱她的，你其实更喜欢叶子。又是心底一股不知何处而来的悲哀，向岛村低语。岛村是有家室的人，然而似乎只有在温泉客栈才能让自己解脱，那里是灵魂的慰藉。

驹子也是迫不得已而做了艺伎，然而最终却什么也没得到，用岛村的话来说，只是一场“徒劳”而已。

岛村热衷于研究舞蹈，对日本舞蹈了解之后，却又突然转向对西方舞蹈的研究。但他从来不喜欢去看一场真正的表演，他只喜欢看着西方舞蹈的一些图片，因为图片可以给予他更多想象的空间，加上坐食家产，典型的花花公子形象跃然纸上。

正是对人生感到悲观的设定，再配上川端康成的文学底色，一个充斥着虚无主义的雪国慢慢呈现在眼前。

温泉客栈似乎并没有很多引人入胜的风景，在书中能够读到的，都是似乎永远下不完的大雪。大雪覆盖了山的每一个部分，就是花草的颜色，也难以在山与山之间看到。岛村每天第一眼看到的，永远都是无尽的白。这白色和驹子的肤色相似，然而岛村似乎从未因为和驹子相处的时间过多而产生微妙的感情。驹子和岛村是书中的主角，驹子视岛村为自己的精神寄托，然而岛村却只将驹子视为自己的一个玩物罢了。

驹子和其他艺伎是不一样的，岛村意识到了这点，其他艺伎或许会伴随客人一起享受肉欲的满足，然而驹子却在这样的环境下能够保持自身的纯洁，不论转过多少场的酒席，弹过多少三味线的曲子，唱过多少能乐，喝过多少酒，她都没有过那样的经历。于是这一点成功吸引了岛村的注意。

岛村在不知不觉中与驹子的关系越发暧昧，但岛村从未也不想享用驹子洁净的肉体。

驹子每晚都会陪客人转过很多场酒席，所以晚上只要是回到了岛村的房间，她总是带着一股酒味，然而岛村从来没有讨厌过这样的味道，反倒是觉得这样的味道才是熟悉的驹子的味道。

窗外有时是大雪纷飞，有时是淅沥小雨，有时是倾盆大雨。天气多变，房间里的人却是不会变的——岛村看着倒向自己怀里的驹子，她的全身因为喝了酒而发烫，胸部隆起的曲线随着重重的呼吸声有规律地起伏。

驹子哭了，透明的泪滴从雪白的脸颊上滑过。驹子哭诉着她不幸的身世，岛村越发觉得，她是需要人疼爱的，然而她所做的一切都是徒劳，为行男成为艺伎卖身是徒劳，同自己的交往也是徒劳。

不过人生也不就是徒劳嘛。

岛村开始怜爱着她，然而她似乎在岛村的心中永远达不到一个高度。岛村自己也摸不清这样的高度，这似乎是让岛村去说明西方舞蹈最美的动作是哪一个一样艰难。

啊，她只是我的一个可以暂时寄托情感的女人，一个玩物而已。岛村心里说道。能够和驹子交欢的时刻是非常多的，然而似乎这一点却让岛村厌恶——交欢之后，她也不是我的驹子了。

温泉客栈里鲜少能够意识到时间的流动，岛村能够感受到的，只有下雪天刺骨的寒冷、浴室里令人头晕的热气、艺伎们弹奏的三味线声音、驹子酒后重重的呼吸声与她发烫的肉体。

岛村感觉不到生活了，除了和驹子在温泉消磨时光，其他再也没有什么可以勾起岛村的兴趣了。

和她做吧。潜意识告诉岛村。

不行。岛村如此坚决地拒绝了内心的声音。

驹子却是深爱岛村的，为了他，驹子放弃了同行男见最后一面的机会，毅然留在车站送行。岛村说的话，还会引起她的误解，她知道自己已经深爱着岛村无法自拔。

一日，叶子过来，岛村听到了令他能够重新回到生活的声音，那是叶子的声音，从此岛村的生活似乎又没有那样的无聊了。

叶子姑娘是整篇小说笔墨描写并不多的一个女性，然而她却不同于驹子，她并没有选择做艺伎，只是在温泉客栈打杂。

又是一个同这里的其他女性完全不同的女人啊，岛村想着。

在读完第二遍后，我认为叶子之所以笔墨不多，原因就在于她和驹子共同满足岛村的欲望，缺一不可。如果说驹子是岛村能够拿来消遣时光并满足自己物质欲望的女子，那么叶子就是能够满足岛村精神欲望的女子。

叶子在开头就已出现，那时岛村并不知道她叫叶子，只记得那是在穿过县界隧道之后的傍晚，她的声音传到了岛村的耳朵里，然而岛村并不敢直接去接触她，只能在玻璃车窗上偷偷观赏她的容貌。

叶子的不一样又吸引住了岛村，在岛村的印象中，似乎叶子只是玻璃车窗上的幻影，这不禁让我想起岛村的研究兴趣——只喜欢看西洋舞蹈的图片，却从来不去实际生活中鉴赏研究。叶子就是岛村心中的“西洋舞蹈图片”，书中对叶子的描写，只限于她在泡澡时的优美歌声，以及和岛村见面时寥寥无几的对白。

然而岛村确实如此着迷，她到底是哪一点吸引了岛村，他也不知道。叶子在生活中，不过是一个普通的杂工，然而她的不知名的吸引力，永远只存在于岛村的幻想中。

叶子也是唯一一个看透了岛村行乐目的的人，叶子同岛村的对白，大部分都在劝岛村能够好好对待驹子姑娘。在岛村的意识里，驹子不过是自己一个情感寄托的工具，叶子也只是自己的一个幻想对象，他永远只存在于自己的虚无世界中。

他在温泉客栈里找到了和研究西洋舞蹈相似的情感，每天都能在叶子和驹子之间消磨时光。

幻想结束得也很仓促。

他和驹子走在漫天的银河下，两人似恋人般亲切，话语之间有无尽的暧昧。

不知不觉，一场大火发生在蚕房，温泉客栈从未有过这般慌乱的景象。驹子和岛村也一同去凑热闹，只见二楼掉下了一位女子，她面朝着地，像玩偶一般直挺挺地坠下。

驹子的尖叫，叶子的痉挛。

岛村感觉到心里某种不知名的东西在慢慢消逝。

到底是什么呢？岛村说不出来，只能看着驹子发了疯地穿过人群去看叶子，只能看着人们赶去扑灭大火，心里似乎有种破碎的感觉。

“驹子发出疯狂的叫喊，岛村企图靠近她，不料被一群汉子连推带搡地挤到一边去。这些汉子是想从驹子手里接过叶子抱走。待岛村站稳了脚跟，抬头望去，银河好像哗啦一声，向他的心坎上泻了下来。”

结尾仓促，我合上书。那一夜，梦里白雪皑皑，驹子化着妆，睫毛低垂，演奏着三味线，穿过县界长长的隧道，我看到了雪国。

杜玢翰

【作者小传】

杜玢翰，别号“北庭节度使”或“埃米尔·别失八里”，毕业于西南交通大学计算机与通信工程学院，热爱历史、文学，专攻西域、漠北民族文化史。两次游历中亚，有志以丝路旅者的眼睛和思考为中国洞开一扇向西之窗。

浪漫主义与英雄

——读《二十年后》有感

一位朋友曾对我说："所谓浪漫主义，其实就是无巧不成书。"这个简单的总结让我深以为然。我读文学作品发蒙较晚，直到初中在语文老师偶然推荐下，才第一次翻开外国名著，所阅第一本外国名著就是雨果的《九三年》。

人生最难忘的也是第一次的印象，从那时起，就对雨果、大革命、法国文学和浪漫主义情有独钟，以至于将这几个概念完全等同起来。因为爱雨果的作品，所以爱法国，爱大革命前后的历史，爱浪漫主义文学。又因为搜罗大革命背景的浪漫主义法国小说与大仲马结缘，便再发现另一座浪漫之峰。

《二十年后》，（法国）大仲马著，傅辛译，上海译文出版社

最近花了一个月的时间将大仲马的火枪手系列前两部《三个火枪手》和《二十年后》读完，从开篇的捧腹大笑到结尾一声长叹。"巧"依然是故事主线的鲜明特征，因为巧才够浪漫，但仅仅是

“巧”，绝成就不了大仲马一代文豪的盛名，反而容易落入无良网文升级打怪的套路窠臼里面。对人性的剖析、对人世的渺小和时代变迁的壮阔描写才是这几部小说经久不衰的关键。

相较而言，《三个火枪手》的故事还比较单薄，胜在人物刻画的成功。作者将四位火枪手及其仆人和反派米莱狄描绘得深入人心。主人公一路有如神助，从法国到英国，又从英国到法国，一会儿在宫廷，一会儿又在乡间，时而置身侯门深闺，时而又在烽火战场，乍读跌宕起伏，但细究又不免有失真之感，颇有网络爽文的味道。就更不用说书中还犯有明显的时间错误，开篇记载故事的起始是在 1625 年，后面按照作者细致入微的时间叙述不过过了一年多的光景，却突然来到 1628 年波旁王朝和胡格诺教派的关键战场——拉罗舍尔围城战。显然，多产的大仲马最初只给这个故事搭了一个简陋的框架，作为投石问路的作品，将故事的高潮设定在真实的历史事件拉罗舍尔之战，以至于对故事的起始时间都没有细究。作为像漫画一样连载的作品，写到后面才发现时间线的漏洞，也就将错就错下去。

但到了第二部《二十年后》中，大仲马明显就发功加力了。也许是第一部市场反应积极，作者就更不能随意浪费火枪手系列这棵摇钱树，因此火枪手三部曲一部比一部写得更长，连载得更多。如我这般苛刻细心的读者明显能够感觉到一些篇幅中作者故意拖长篇幅、赚取稿费的手法。诸如：“我看到了这样的情景，我现在就来告诉你……不要急，我马上就要说到了……等一下，我就要说到了。”还有一句对话分一段（据说当时稿费是以行数算）。这些废话确实降低了作品的文学水平，但瑕不掩瑜，第二部的故事概括起来依然很简单，但对人物的刻画更加生动细腻。

开篇一节对达达尼昂的现状描写就道出了时间的厚度。原来，第一部中不断升级打怪的主人公离开读者的眼睛还是不免落入凡尘，沦为一介平庸的兵痞。爱情在岁月的蹉跎下成为一段模糊的回忆，剩下的只剩丑陋的情欲。功名抱负到头来还是一场空，被官场的苟且所取代。就连四位火枪手之间看似不可磨灭的情谊都在世俗中险些经不起考验。他们各自都在各自的缺陷中越陷越深，直到这里，我才似乎理解了大仲马。哪里有完美的英雄和浪漫，最终都不可避免地要在自我的缺陷中倒下。

但在英雄的衰落之外，与之相对的还能看到时代里另一股力量的崛起，那就是与火枪手们所代表的贵族骑士阶层相对的市民阶层的壮大，而这股力量的代表就是四位火枪手的仆人们。看到这里，我也才看懂第一部中作者为四个性格迥异的火枪手各自配备一个与主人性格相契的仆人并非简单效法堂吉诃德与桑丘的组合，而是构思了一盘更大的棋局，以骑士主人的没落和仆人的崛起描绘山雨欲来的大革命前奏，贵族的荣耀注定要让位于资产阶级的胜利。

分裂内战是《二十年后》主线，上至国家，下至四位火枪手，不仅法国在投石党运动中贵族和市民走向分裂，统治阶层内部在争权夺利中分裂，临近的英国也在资产阶级革命运动中分裂。这种分裂的魔咒一直笼罩着欧洲大陆，直到一百多年后才在法国大革命中走向高潮。好在作者还有一份慈悲，又用浪漫主义的巧合让四位骑士阴差阳错走到一起，再续二十年前的辉煌。但最终他们还是功败垂成，象征贵族拥护的王权在斩下英王查理头颅的那一刻被粉碎。虽然最终主人公们通过运气和智慧似乎各得其所，但这迟来的奖赏总是让人觉得太过勉强，究其原因还是他们都老了，不再是二十年前的少年青年英雄。这个变革中的时代已再无传统骑士的容身之地。

不过，透过血腥的历史，作者似乎是用有情的文字传递这样一个观念，即真正的英雄从来不需要完美无缺、无所不能，能够长期打动人的英雄绝非那些只凭巧合不断升级打怪的龙傲天，而是一个有血有肉的人、一个有局限的人。人虽有各自的局限，但通过团结和友谊，几个不完美的人依然可以创造一个不平凡的事业，纵然这个伟大事业如过往云烟易逝，此生也非枉然。

李欣芮

【作者小传】

李欣芮，就读于西南交通大学附属中学高二（3）班。目前为了永远背不完的文综掉发中，正被迫考虑实践“黑芝麻生发”这一说法的可行性。校园景色中最喜爱秋天时地面满缀的金色银杏。

应似飞鸿踏雪泥

——读林语堂《苏东坡传》有感

人应如惊风，呼啸自去来。飐乱芙蓉水，转而又云端。

——《袖石东海》

且陶陶

有人曾说，如果李白是站在最高处的谪仙人，不食人间烟火，来尘世历劫一遭便飘然归去，那么苏轼就是立于最远处的垂钓者，看尽世间百态，万千色相，却始终潇洒缥缈，天真超然。就好像若是有人行过崎岖的远山走近他，这垂钓人便抬起头来询问访客："嘿，你吃鱼吗？"

《苏东坡传》，林语堂著，湖南文艺出版社

《苏东坡传》被评价为"无可救药的乐天派给另一个无可救药的乐天派写的传记"。诚然，林语堂先生带着读者站在悠长的文脉之上，重新揭开厚重的史书一角描绘苏轼的脚步，翻遍浸润深沉墨香的诗词篇章勾勒他的眉眼。一位秉性难改的乐天派、满怀赤诚的月下漫步者跃然纸上。

一点浩然气

苏轼二十一岁时与父兄一同自偏僻的巴蜀沿江而下，进京赶考。他清新洒脱的文风，令主考官欧阳修大为赏识。而苏轼豪迈旷达的性格在这时便已显露出来。他在试文中写道："皋陶为士，将杀人。皋陶曰杀之三，尧曰宥之三。"欧阳修赞叹他的文章，却不知道这几句话的出处。等苏轼谒谢，欧阳修便向他询问。苏轼一笑："何须出处！"欧阳修与他对视，不禁大笑："他日文章必独步天下！"

欧阳修夸得没错。没过多久，苏轼果然名动京城，大量如《饮湖上初晴后雨二首》《江城子》（"老夫聊发少年狂"）的优秀作品广为流传，誉满天下。

但似乎所有伟大瑰丽的作品诞生时总是要经历磨难才行。作者只有将泪与火在心中热烈地滚上一遭，才能让蒸腾的水汽化作下笔时淋漓挥洒的流烟泼墨，落成文史上夺目绚烂的锦绣华章。苏轼年逾不惑时，被迫站在一场闹剧的中心。"乌台诗案"让他遭受逮捕，解往京师。新党们拿出非逼死苏轼不可的架势，让他几次面临杀头的境遇。而在一片阴云之下，救援行动也在朝野之中进行着。值得一提的是，不只是许多与苏轼政见相同的元老们纷纷上书，就连变法派的部分有识之士也向皇帝求情。与他有过旧怨的王安石得知此事，也上疏劝说："安有盛世而杀才士乎？"

在众人的共同努力下，这场诗案便因王安石"一言而决"，苏轼得以从轻发落。这场时长一百零三天的牢狱之灾，以苏轼贬至黄州作为结局。

垂头丧气的苏轼走向了黄州，而这个杂草丛生的流落之地，注定在他的人生履历上留下浓重一笔。在这里，苏轼将写下三篇最动人的创作，而这些创作将成为文学史上的不朽名篇，垂辉长映千秋。他的文章中自然会流露出痛苦彷徨的消沉，却总又在下一行提笔时重整旗鼓，傲视苦难。

他的诗词常常表现对人生命运的思考，使作品的哲理意味格外深厚。纵使他深知“人生如逆旅”，却仍始终保持着“而又何羡乎”这样乐观超然的人生态度。

苏轼历经波折，甚至经历过无妄之灾，但他乐观豁达的信念始终没有改变。这样的信念如沉默的星子长久地嵌在属于他的天幕之中，成为他人生特质的永恒组成，熠熠生辉。

且将新火试新茶

苏轼，一位可敬可爱之人。

从黄州到海南，他的任职之地越贬越远，他却自有一番“天地银盘大如盖，山川为珍馐，流云做小菜，俱可烹来佐我餐”的气势。贬至黄州职位低微无妨，前游览赤壁山朝来暮去作千古绝唱，后食得白水猪肉，取名东坡肘子东坡肉。再贬岭南穷乡僻壤无碍，上摘椰子敲壳作帽，下捞牡蛎清蒸煮汤，另有“日啖荔枝三百颗”的快意。怎能不为他的乐观豁达而笑呢！

为官杭州，他率众疏浚西湖，修筑长堤，后人称之为“苏堤”。“苏堤春晓”成为西湖十景之一，构成属于烟雨渺渺的西子湖畔的遥想之景、近思之情。任职海南，他大兴教育，为当世、为后世培养许多人才，至今仍有关于他的纪念碑在海南静默伫立着。怎能不为他的尽心超然而敬呢！

一曲满庭芳

苏轼其人，有多重模样。他豪迈豁达，“不如举杯邀青山”；他深情真挚，“点点是离人泪”。他逃离尘世，“江海寄余生”；他直面人间，“一蓑烟雨任平生”。

“会挽雕弓如满月，西北望，射天狼”与“十年生死两茫茫，不思量，自难忘”隔着薄薄的米白纸页无言对望。将它们连接起来的，是同属一人的情思。

苏轼，他是一位秉性难改的乐天派，一位出世而入世的垂钓者；是一缕有趣的灵魂，一团永恒的炽火。

他是一抹惊鸿掠过青史时遗留的光影，清辉漫洒人间。

郭润媛

【作者小传】

郭润媛，西南交通大学附属中学高二（3）班，自幼受家庭影响，颇喜好外国文学，《双城记》《窄门》等优秀作品略有涉猎。初中时迷上莎翁文学，喜好《奥赛罗》《罗密欧与朱丽叶》《哈姆莱特》等，痴迷于其剧本情节、角色。但受年纪所限，对书的主题理解却是非常浅薄，“一千个人眼中有一千个哈姆莱特”，所以我眼中的这个不是英雄却能让人看清自己的哈姆莱特，也许与大家理解的有不同之处。因此，我希望我对剧本中的理解也能让大家认识到一个不同的形象。

一个时代的缩影

——《哈姆莱特》读后感

《哈姆莱特》是一个时代的缩影。

但凡恋爱过、嫉妒过、恐惧过、厌憎过、渴望过的人，皆可从中找到共鸣；人生百态世间风韵，都能在埋导到求。

——朱迪

故事是由王子哈姆莱特复仇展开的。丹麦老国王死了，他的弟弟登上王位。新国王娶了已成寡妇的王后葛特露德。葛特露德的儿子哈姆莱特面对父亲的死亡和母亲仓促改嫁，深陷悲苦的泥潭。而后不久，他受到了命运暴虐的折磨。他父亲的鬼魂现身并告诉他自己是被谋杀而死，凶手正是新国王。哈姆莱特为了复仇，开始装得疯疯癫癫，甚至拒绝了他深爱的女人——奥菲利娅的爱。机缘巧合下，一个戏班恰到宫廷，哈姆莱特要求他们上演一出与父亲受谋杀相同的场景的戏，希望通过这出戏

《哈姆莱特》（英国）威廉·莎士比亚著，朱生豪译，人民文学出版社

迫使新国王暴露罪行。随后，他在痛斥母亲草率再婚时，意外杀死藏于房间的波洛纽斯——奥菲利娅的父亲。国王借此缘由将他送去英国，并密谋将其除掉。奥菲利娅因父亲的死去和爱人的疯癫而忧伤过度，发疯溺水身亡。其兄长与国王合谋，想要用毒剑刺死哈姆莱特，天意弄人，自己反而死去。王后误喝了毒药，哈姆莱特也因毒发而死，死前刺死了国王。挪威王子最后登场，声称有权继承丹麦王位，并为哈姆莱特收尸。

《哈姆莱特》这个剧本是莎士比亚在文艺复兴——那个人文主义觉醒的时代背景中完成的。哈姆莱特多次赞扬挪威王子的品质，从而称赞人类美好善良的本质。他欣赏人理性的思考，从而借此表现一个基督教徒的虔诚。有人借此提出了这个剧本的悖论之一，即“老哈姆莱特的鬼魂来自炼狱，直到生前罪孽最终燃烧殆尽”。但哈姆莱特为其挺剑刺杀正在祈祷的叔叔时寻找的理由的那些话，暗示忏悔行为可以立即清除罪恶。炼狱观念属于罗马天主教教义，哈姆莱特所假设的概念却是一种英国清教观念。

剧本中多处牵涉到了宗教改革和反宗教改革中意义重大的教义争端。丹麦于哈姆莱特就是一个混沌的地狱，哈姆莱特所渴望回到的威登堡，是马丁·路德等清教革命知识分子的家园。因为在这家园中,感情真实性尤为重要，感情真实性就是人文主义的一部分，而那个时代的关键词是“顾虑”。正如台词中写道：“生还是死这句里提到前瞻后顾使我们全成懦夫。”伊丽莎白时代中“顾虑”不仅意味着道德顾虑，它的释义是“见证自己的心灵、知识、悔恨”。这就是剧本里哈姆莱特登峰造极的自我意识状态，这使他不再只是一个单纯的复仇者。他反复“顾虑”，自省时，他似乎在表现人的“自我认识”的本质。前瞻后顾又一次出现时，他的追求的真理完善了自我形象并推动了情节矛盾的发展。可当顾虑消失，即付诸行动时，他又变得果断而无情。当他接受了唯心主义者所提出的“顺其自然”，他就又一次发生了转变。他认为杀死国王是“天良”，处死背叛他的老同学时，他又认为自己“自问无愧于良心”。

放在时代里，我们能够看出，哈姆莱特是一个奇妙复杂的角色，但他有一种不真实性。虽然不真实却让人看到自己。剧本里的他不是英雄，他拥有着一个闪耀着人文主义光辉的形象。他本考虑以死亡来逃避现实，但父亲的话却一次又一次提醒他，让他不能放弃现实。他恶毒咒骂自己。他一边厌恶自己的无能，又一边犹豫，最终导致他被卷入燃烧的复仇焰火，走向悲剧。人们认为导致悲剧的就是他的懦弱和他面对现实的压迫时无尽的沉默。“The rest is silence.”懦弱是人类内心形象的真实表现。生活的困苦让人不得不生出懦弱，“默然忍受命运的暴虐的毒箭，或是挺身反抗人世的无涯的苦难，通过斗争把它们扫清，这两种行为，哪一种更高贵？死了，睡着了，什么都完了”。但我们明白生命的宝贵，于是莎士比亚又借角色之口说道，“人们可支配自己的命运，若我们受制于人那错不在命运,而在我们自己!”一位评论家曾对此评论道：“一个人的一生都与这个懦夫战斗,我们渴望着登上高峰，这个懦夫却害怕沿途风雪。风雪损伤我们的身体,又折磨我们的意志，甚至击碎意志中最宝贵的东西——道德。”我们也许会像哈姆莱特一样反复犹豫挣扎，寻尽理由为自己的无能开脱，而随后又深陷自我厌弃。脆弱多变，自我否定，自我鼓舞，又重新站起，充满力量，踉跄着、挣扎着向后或向前。

书中许多情节在苍白沉寂中千呼万唤着人性，处处有共鸣。读此书时，你会感觉到生命浸入了充实，正如我读完后，我感觉，“每个人都是哈姆莱特”。

江　雯

【作者小传】

江雯，交大附中高二（3）班，是一个货真价实的文科生。性格活泼开朗，乐观积极，善于人际交往，喜欢和陌生人交朋友。我相信世界是善意的，每一个人都值得被温柔以待，并且包容心是最强大的，励志做一个让别人觉得温暖的人。喜欢绿色，爱好听音乐、唱歌、运动（尤其是篮球）、看书。

情与美的启蒙

——《小王子》读后感

《小王子》，（法国）圣埃克絮佩里著，周克希译，上海译文出版社

书，是一把钥匙，为我们开启知识的宝库；书，是一盏明亮的灯，为我们照亮前进的道路；书，是一艘扬起白帆的船，带领我们遨游知识的海洋。《小王子》是我阅读生涯中的一本启蒙书，每一次阅读，都会有不同的领悟。

12 岁的我读《小王子》，读到的是童真。小王子长着一头金发，他是一个真诚敏感且有责任的孩子，他居住在 B612 星球。某一天，他随着迁徙的鸟群离开了自己的星球，开始了新的旅程。旅途中，他接触了许多新的人和事物：有追逐权威、自以为是的国王，有整天计数着星星、唯利是图的商人，有闭门造车、古板不切实际的地理学家，有日夜奔波、不曾停歇的点灯人。小王子并不喜欢他们的生活，他感觉到的只有大人的怪异与不可理喻。

大人们是现实的，物质财富是这个弱肉强食的社会生存的基础，金钱，地位，权势才代表着成功与尊严。不知不觉间，几乎所有人都在为此而奔波着，也正因为如此，想象力丢失了，童真也悄悄地溜走了，留下的，也只有赤裸裸的现实了。“所有的大人都曾经是小孩，虽然只有少数人记得。”

14 岁的我读《小王子》，读到的是真诚与美好。小王子热爱他的生活，他每天勤勉地疏通火山口，为猴面包树清理杂苗。日落之时，则会搬着凳子追逐夕阳，为夕阳金黄的余晖而赞叹。当他顺利到达地球，带着好奇心开始新的旅程时，他结识了飞行员与小狐狸。飞行员替他画了一只绵羊，小狐狸则告诉他只有用心灵才能看清事物的本质，真正重要的东西，用肉眼是无法看见的。

这个世界缺少的不是美，而是发现美的眼睛。在成长的过程中，我们总是一边得到，一边失去。我们渐渐变得成熟，却失去了天真；获得了真理，却丢失了想象；融入了世界，却没有了个性。不知有多少人因为从众而丢失了自我，不知有多少人因为害怕不同而为自己套上了面具。倘若世界上所有的人都是一个人的模样，这将是一件多么可怕的事。倘若人与人之间的交流都隔着一层面具，又是多么的可悲啊。可是当心与心相互贴近，互相诉说着心底的秘密时，又是多么的友善与温暖啊。这个世界需要真诚和爱，需要在人与人之间用爱架起心灵的桥梁，需要每一个人用行动为它增添一份绚丽的色彩。我们要有勇气去做自己，用心去发现身边的真善美，用行动将它散播在世界的每一个角落，无论如何，我们都应该相信，这个世界，是善意的。

17 岁的我读《小王子》，读到的是爱情。在小王子孤独又平凡的日子中，一朵玫瑰花的到来，让他的世界不再单调。这朵骄傲而任性的玫瑰恋着单纯天真的小王子，小王子也真诚地爱着玫瑰。然而玫瑰花众多的要求让小王子喘不过气来，敏感的小王子因为玫瑰花的一次责备而离开了 B612 星球。在地球上，小王子发现了几百枝与他心爱的玫瑰长得一模一样的花儿，这一刻他终于明白了，他的花儿才是世界上独一无二的，因为那是他用心照看过的花儿，那是一株依赖他却不愿在他面前流泪、让他担心的花儿，那是他的爱人。小王子的爱情纯净而美好，真诚而用心，为了让自己的灵魂与恋人重逢，他轻轻地倒下了，就好像他不曾来过这颗美丽的蓝色星球一般。

爱情美好而神圣，却需要责任与耐心来灌溉，它好像一粒种子，需要在对的时机播种，需要阳光小心翼翼的呵护、风儿轻柔的爱抚，需要理解与沟通、付出与包容。

故事的结局，没有人知道小王子去了哪里，也没有人知道小王子是否与他心爱的玫瑰相会了。或许某一天我能够在沙漠中与他相遇，也许他会让我为他画一只绵羊，然后指着夜空中的某一颗星，骄傲地告诉我上面有一株他爱的玫瑰，他过得很幸福。

顾晨曦

【作者小传】

顾晨曦，西南交通大学公共管理与政法学院，政治学与行政学专业。我是一个非常喜欢读书的小朋友，虽然不能很好地掌握每本书的精髓，也不能表达出一些像样的观点，但是我还是很喜欢带着自己的思考去看各种各样的书，也愿意跟各种各样的人进行交流。

生活的底色

——读夏目漱石的《我是猫》有感

“看似悠闲的人们，若叩其内心深处，总会听到悲哀的声音。”夏目漱石如是说。

书中大量的场景基本上都定格在猫的主人苦沙弥和朋友们的座谈上，悠闲地喝茶聊天，有时严肃有时欢快，有时阴郁有时明亮。其实聊天是个很有意思的事情，聊天的魅力在于你是说不破这个“天”的，不强求聊出个所以然来，也不寄希望于从聊天中获得某种规范答案或生存法则。聊天的过程不过是对世界、对他人的一个自我呈现。苦沙弥和他的朋友们在聊天中都表达出了自己不一样的态度。可是这本书中，作者笔下看似悠闲的聊天，底色却是悲凉。

《我是猫》，（日本）夏目漱石著，于雷译，译林出版社

聊天中透着人们想要表达的世俗生活中的一切，可以说“苦难”是人世间的主色调，形形色色的事情压得那些浑浑噩噩、彳亍踽行的

人们透不过气来，很多问题都处于无解的状态——无解并不意味着这些烦恼真的毫无出路，而是那唯一的出路与自己内心的声音相违背。

在这世上挣扎着，不就是内心的自我与外界的世俗相抗争吗？我们聊天也好，自省也罢，不就是在研究自身吗？

夏目漱石在书里写道："研究自我，除了自身，是不会有其他人为自己做的。即便想研究别人或请别人研究自己，也是不可能实现的。……假如靠别人就可以了解自我，那就等于请别人代替自己吃牛肉，替自己辨别牛肉是嫩还是老一样。……他人所述之法，他人所论之道，乃至其书五车的故纸堆里，都不可能有自我的。如果有，也是自我的幽灵。"我们会小心翼翼地对待散尽时间与精力才琢磨透的自我，可是人生来就有棱角，生来就不会完全契合这个世界所规定的形状，我们的自我意识或多或少都会与世俗背道而驰。多少人憧憬着天上的月亮，却又不得不低下头捡起地上的六便士。书中的寒月不再为了喜欢的科研项目磨玻璃球了，而是回家娶了金主的女儿；迷亭虽然每天都很乐观，但他并不在自己所需的那个理想国之中；苦沙弥呢，活在自己的想法之中却得不到尊重……

曾经看到一段非常有意思的话："我们明明都生活在烟火人间，你有高楼万丈，我却只有一个乌托邦。"高楼万丈是熊掌，乌托邦是鱼，舍谁而取谁者也？

生活的底色悲凉之处就在于，我们在两难的处境之中无论选择什么都会牺牲很多。

其实人也不是一开始就见到了生活的悲凉之处，从出生起见到的第一缕灿烂阳光开始，我们也会对生活抱有极大的兴趣和希望。只是在朝着希望奔跑时，会发现那些美好都像是泡沫一样转瞬即逝，迎接我们的可能是各种非常非常露骨而现实的问题。能看到那一缕阳光又怎样呢，那些漫长的黑夜也不是轻轻松松就可以熬过去的。

遇到的事情越多，就越来越丧失向内心举杯的热情，“二十四小时，人们的心全被‘我’字占据了。因此，片刻得不到安宁，无时无刻不在火焰地狱里炙烤”，我们怎么处理内心与外界的矛盾？不得不承认的是，每个人曾经幻想过去超越世俗，可是往往超脱成功的都是那些极少数人，而大多数都在随波逐流。超脱不易，做顺世者又于心不甘，这个世界仿佛就是没有出路。

20 世纪末到 21 世纪初算得上是吴天明导演的挣扎时期——20 世纪 90 年代的进口影片的冲击使得国产影片丧失市场，21 世纪又是一个被票房绑架的年代，商业片潮流大肆兴起。戴锦华曾评价道：“吴天明后来再没有融入市场浪潮，我觉得跟他保持最大的真诚度相关。当新的市场规范出来后，新的主流开始浮现，他已然不能充分认同。他有进入的愿望，但他不认可的抗拒力在那儿，就是坚持自我个性，以至于后期作品命运不大顺利。”吴天明导演坚持着电影的文化立场，认为电影需要坚持对社会和人性做出表达，需要有核心价值的支撑，电影市场不是单一地与资本跳舞。显然，吴天明导演的这一想法在 21 世纪初期无法使电影具有强大的竞争力和生命力。戴锦华也说了，吴天明导演有进入的愿望，外在世界的的确确具有极大的诱惑力和吸引力，但是外在世界的规则跟他多年从事电影行业所积累形成的价值观相违背。自我与现实之间不断地进行拉扯，他最终还是没能说服自己的内心，向资本低头，而是继续做一些跟历史与生活发生关系的电影。是的，吴天明导演遵从了自己的内心，这种精神也确实是后辈学习的榜样，但他始终没有与现实相处甚欢。并非一定要向现实妥协才是成功，当然，一味固执地坚守自我也未必完美，尽管坚守自我是具有极大的重要性的。

类似这些种种的悲凉，夏目漱石用非常平静的笔触写了下来，以猫的口吻，或风趣、或讽刺，多多少少渗透着一些悲凉的气息。大家都说是作者夏目漱石的写照，说作者本人深知自己平庸软弱，无能为力，看不惯世道也只能发几句牢骚罢了。

这个“世道”是人们设定的，到最后却还是为难了人们。例如人们从利己主义的角度出发，发明了公平。抑或是人们虽然知道“天空为覆盖万物而生，大地为承载万物而设”这个道理，却还是在茫茫大地上，围起篱笆写上“此地为某某所有”……诸如此类的世道与规矩，无非是一类人想出来去约束另一类人的。面对这令人看不惯的世道，书中苦沙弥也只是发几句牢骚罢了。而除了发牢骚，他又有什么办法呢？一己之力如何抵得过众人之力，他真的可以逆着洋流独自游到底吗？

自我在现实面前显得不堪一击，这种无力感深深地扼住了苦沙弥的咽喉，也扼住了夏目漱石的咽喉，这可能也是这本书读起来没有那么轻松的原因吧。

《我是猫》中的人们一思考，猫咪就发笑。那只会思考的猫看透了太多的世俗套路，那些经常思考的人们呢，还是被生活玩弄于股掌之间。

人们的结局大抵都像是夏目漱石在书里说到的那样，“再怎么摆出一副不食人间烟火的顿悟模样，双脚还是要踩在凡间的土地上”。

作者传达出了一万分的无奈与苦楚，我们想要天上的月亮，也想要地上的六便士。读完《我是猫》之后，越发感觉到遵从本心的不易。从前一直认为那些活不出自我的人的失败原因都是因为自己不够坚持，意念不够坚定。我也有过幼稚的想法，认为只要自己够有决心，总归可以活在自己的理想国之中，现实与想象总能够达成和解。合上这本书后，我陷入了一种手足无措的惊慌之中，我不知道自己应该在多大程度上向生活妥协，也不知道怎么样做才具有一定的合理性。生活没有最正确的那个答案，但他一定有最合理的方法，只是我们中的大多数人还不知道。

我还在寻找那所谓的自洽。

花朵凋谢，新叶又生，这世事将如何变化，我还尚未琢磨清楚。或许能于自己构想的乌托邦里虔诚地寻找永恒，也将在尘世之中简单地混个活法。

附录

西南交通大学
经典阅读推荐书目
（2016）

1. 《易经》
2. 《奥德赛》，（古希腊）荷马
3. 《诗经》
4. 《老子》，老子
5. 《孙子兵法》，孙武
6. 《论语》，孔子弟子及其再传弟子编撰
7. 《理想国》，（古希腊）柏拉图
8. 《伊索寓言》，（古希腊）伊索
9. 《左传》，左丘明
10. 《史记》，司马迁
11. 《三国志》，陈寿
12. 《世说新语》，刘义庆
13. 《梦溪笔谈》，沈括
14. 《哈姆雷特》，（英）莎士比亚
15. 《谈谈方法》，（法）笛卡尔
16. 《思想录》，（法）帕斯卡尔
17. 《自然哲学的数学原理》，（英）牛顿
18. 《古文观止》，吴楚材、吴调侯编
19. 《人性论》，（英）大卫·休谟
20. 《论法的精神》，（法）孟德斯鸠
21. 《儒林外史》，吴敬梓

22.《爱弥儿》,（法）卢梭
23.《论优美感与崇高感》,（德）康德
24.《国富论》,（英）亚当·斯密
25.《红楼梦》，曹雪芹、高鹗
26.《作为意志和表象的世界》,（德）叔本华
27.《战争论》,（德）卡尔·冯·克劳塞维茨
28.《历史哲学》,（德）黑格尔
29.《共产党宣言》,（德）卡尔·马克思、弗里德里希·恩格斯
30.《瓦尔登湖》,（美）梭罗
31.《旧制度与大革命》,（法）亚历西斯·德·托克维尔
32.《物种起源》,（英）达尔文
33.《论自由》,（英）约翰·密尔
34.《自然辩证法》,（德）弗里得里希·恩格斯
35.《查拉斯图拉如是说》,（德）尼采
36.《复活》,（俄）列夫·托尔斯泰
37.《科学与方法》,（法）昂利·彭加勒
38.《人间词话》，王国维
39.《罗丹艺术论》,（法）罗丹口述,（法）葛赛尔
40.《约翰·克利斯朵夫》,（法）罗曼·罗兰
41.《民主主义与教育》,（美）约翰·杜威
42.《飞鸟集》,（印度）泰戈尔
43.《精神分析引论》,（奥）弗洛伊德
44.《新教伦理与资本主义精神》,（德）马克斯·韦伯
45.《中国近三百年学术史》，梁启超
46.《存在与时间》,（德）马丁·海德格尔
47.《科学史》,（英）丹皮尔
48.《美丽新世界》,（英）阿道司·赫胥黎

49.《梵高传》,（美）欧文·斯通

50.《国史大纲》，钱穆

51.《小王子》,（法）安东尼·德·圣埃克苏佩里

52.《存在与虚无》,（法）萨特

53.《人论》,（德）恩斯特·卡希尔

54.《生命是什么》,（奥）埃尔温·薛定谔

55.《博弈论与经济行为》,（美）冯·诺依曼、摩根斯特恩

56.《西方哲学史》,（英）罗素

57.《历史的观念》,（英）R. G. 柯林武德

58.《围城》，钱钟书

59.《从一到无穷大》,（俄）G. 伽莫夫

60.《乡土中国》，费孝通

61.《中国哲学简史》，冯友兰

62.《雪国》,（日）川端康成

63.《中国文化要义》，梁漱溟

64.《第二性》,（法）西蒙娜·德·波伏娃

65.《科学研究的艺术》,（英）贝弗里奇

66.《鲁迅选集》，鲁迅

67.《新物理学的诞生》,（美）I. 伯纳德·科恩

68.《西方音乐史》,（美）唐纳德·杰·格劳特、克劳德·帕利斯卡

69.《杀死一只知更鸟》,（美）哈珀·李

70.《寂静的春天》,（美）蕾切尔·卡逊

71.《公共领域的结构转型》,（德）尤尔根·哈贝马斯

72.《理解媒介：论人的延伸》,（加）赫伯特·马歇尔·麦克卢汉

73.《百年孤独》,（哥伦比亚）加西亚·马尔克斯

74.《全球通史》,（美）L. S. 斯塔夫里阿诺斯

75.《什么是教育》,（德）卡尔·雅斯贝尔斯

76.《宇宙最初三分钟》，（美）史蒂文・温伯格
77.《文化与价值》，（奥）维特根斯坦
78.《东方学》，（美）爱德华 W. 萨义德
79.《美的历程》，李泽厚
80.《生命中不能承受之轻》，（捷）米兰・昆德拉
81.《艺术的故事》，（英）恩斯特・贡布里希
82.《时间简史》，（英）史蒂芬・霍金
83.《平凡的世界》，路遥
84.《天才引导的历程：数学中的伟大定理》，（美）威廉・邓纳姆
85.《文化帝国主义》，（英）约翰・汤林森
86.《西方科学的起源：公元前六百年至公元一千四百五十年宗教、哲学和社会建制大背景下的欧洲科学传统》，（美）戴维・林德柏格
87.《中国思想史》，葛兆光
88.《文明的冲突与世界秩序的重建》，（美）塞缪尔・亨廷顿
89.《经济学原理》，（美）尼可拉斯・格里高利・曼昆
90.《DNA：生命的秘密》，（美）詹姆斯・沃森、安德鲁・贝瑞
91.《人格心理学》，（美）J. M. 柏格
92.《社会动物》，（美）布鲁克斯
93.《大数据时代》，（英）维克托・迈尔・舍恩伯格、肯尼思・库克耶
94.《创客：新工业革命》，（美）克里斯・安德森
95.《断点：互联网进化启示录》，（美）杰夫・斯蒂贝尔
96.《习近平谈治国理政》，习近平

阅读方法和技巧指导图书：

《如何阅读一本书》，（美）莫提默・J.艾德勒、查尔斯・范多伦

经典悦读（第一辑）目录

经典悦读（第二辑）目录

经典悦读（第三辑）目录

经典悦读（第四辑）目录

经典悦读（第五辑）目录

ENJOYING CLASSICS (BOOK NINE)

经典悦读（第六辑）目录

经典悦读（第七辑）目录

经典悦读（第八辑）目录

竢實揚華　交通天下

http:www.xnjdcbs.com

出 版 人：阳　晓
责任编辑：居碧娟
封面设计：原謀

经典悦读

（第九辑）

ISBN 978-7-5643-6823-4

9 787564 368234 >

定价：48.00元